westermann

W0396285

EINSTEIGEN UND DURCHSTARTEN

Medienbildung 1

Erarbeitet von
Andreas Müller

westermann GRUPPE

Druck A[1] / Jahr 2021
Alle Drucke der Serie A sind im Unterricht parallel verwendbar.

Redaktion: Barbara Holzwarth, Gröbenzell/München
Illustrationen: Matthias Berghahn, Bielefeld; Reinhild Kassing, Kassel
Umschlaggestaltung: LIO Design GmbH, Braunschweig
Umschlagfoto: iStockphoto.com/SDI Productions
Layout: Alexandra Brand, Paderborn
Druck und Bindung: Westermann Druck GmbH, Braunschweig

ISBN 978-3-14-**123426**-8

Inhalt

So arbeiten Lehrerinnen und Lehrer mit diesem Heft

Liebe Kollegin, lieber Kollege,

die Digitalisierung durchdringt längst alle Lebensbereiche. Menschen organisieren sich zunehmend mobil und digital. Sie kommunizieren in sozialen Netzwerken und streamen Filme sowie Musik, um ihre Freizeit zu gestalten. Die Digitalisierung verändert aber auch unser Berufsleben. Sie stellt weltweit vernetzte Produktionsketten her und verbindet Märkte auf der ganzen Welt in Echtzeit. So schafft sie völlig neue Wertschöpfungsketten und generiert Wohlstand. Aber auch die Art und Weise, wie wir in unserer Gesellschaft miteinander umgehen, wie wir unsere Meinung beispielsweise über gesellschaftliche Phänomene bilden, wird immer mehr durch digitale Medien beeinflusst.

Die Aufgabe der Schule ist es, Kinder und Jugendliche auf diese digitalisierte Welt und die damit verbundenen permanenten Veränderungen vorzubereiten und sie diesbezüglich kompetent zu machen, sodass sie den jeweiligen Herausforderungen begegnen und an Digitalisierungsprozessen im privaten Lebensumfeld, in schulischen und später in beruflichen Kontexten teilnehmen können. Schon früh sollen sie sich mit ihrer Perspektive in gesamtgesellschaftliche Diskurse einbringen und diese in eigener Verantwortung mitgestalten. Dazu gehört insbesondere, dass Kinder und Jugendliche ein Bewusstsein dafür entwickeln, wann und unter welchen Bedingungen digitale Alternativen den analogen Varianten vorzuziehen sind. Ebenso gehört dazu die Autonomie, selbst beurteilen und entscheiden zu können, wie und wie weit Digitalisierung das eigene Leben bestimmen und beeinflussen soll.

Für die Schule ergeben sich aus dieser Verantwortung zwei Aufgabenfelder:

- Zum einen muss sie *Medienbildung als Lernen mit digitalen Medien* verstehen. Hierzu stellt der Digitalisierungspakt den Schulen Mittel für die notwendige Ausstattung mit Computern und Software zur Verfügung.
- Zum anderen muss sie *Medienbildung als Lernen über digitale Medien* verstehen. Dazu dienen die Arbeitshefte zur *Medienbildung* in der Reihe *Einsteigen und Durchstarten*.

Medienbildung als Teil unterrichtlicher Prozesse ist prinzipiell nichts Neues. Sie ist traditionell Teil des Konzeptes *Lernen lernen* und ihre Inhalte und Kompetenzerwartungen finden sich in unterschiedlicher Ausprägung in den Schulfächern wieder. Ein Großteil der Kompetenzen, die den kritischen Umgang mit analogen Medien ausmachen, ist identisch mit jenen Kompetenzen, die für den bewussten Umgang mit digitalen Medien notwendig sind. So macht es keinen Unterschied, ob ich ein Plakat oder eine PowerPoint-Folie vorstelle. In beiden Fällen müssen dieselben Kompetenzmaßstäbe erreicht werden, um die Produktpräsentation als eine besondere Form der adressatenbezogenen Kommunikation zum Erfolg werden zu lassen. In den Produktionsprozessen, in der Herangehensweise und in den Handlungsschritten unterscheidet sich allerdings die Arbeit mit digitalen Medien von der Arbeit mit analogen Medien. Deshalb erweitert die Digitalisierung notwendigerweise das Konzept *Lernen lernen*.

Medienbildung als Teil des Konzeptes *Lernen lernen* erfüllt im Kanon der Fächer eine Brückenfunktion. Zum einen entlastet ein solches Konzept die traditionellen Fächer, indem grundlegende digitale Arbeitstechniken und Methoden hier eingeführt werden. Zum anderen braucht *Lernen über digitale Medien* die anderen Fächer, damit in der konkreten fachlichen Anwendung der *Umgang mit digitalen Medien* angeleitet, gelernt und abgesichert wird. Um dies unterrichtlich umzusetzen, kann das Arbeitsheft in unterschiedlichen Arrangements eingesetzt werden:

- Sie können das Arbeitsheft im Jahrgangsunterricht mit fester Stundenzuweisung einsetzen.
- Sie können mit dem Arbeitsheft Projekttage und Projektwochen modularisiert organisieren.
- Sie können die vorgestellten Methoden und Arbeitstechniken in Ihren Fachunterricht integrieren.

Die einzelnen Kapitel des Arbeitshefts sind so konzipiert, dass mit ihnen das Lernen über digitale Medien implementiert werden kann. Sie verstehen sich immer dann, wenn Methoden oder Arbeitstechniken vermittelt werden, als Gerüst, das mit zunehmender Sicherheit der Schülerinnen und Schüler abgebaut werden kann, auf das diese jedoch immer dann, wenn sie unsicher sind, zurückgreifen können.

Alle Themen sind gleich aufgebaut. Die methodische und didaktische Struktur wird durch Symbole sichtbar. Das erleichtert die Orientierung, führt relativ schnell zu selbstständigem Arbeiten und entlastet im Unterricht.

Hier finden Sie eine Situationsbeschreibung. Sie veranschaulicht und konkretisiert ein Problem im Umgang mit digitalen Medien in einem schülerrelevanten situativen Kontext. Zugehörige Aufgaben- und Fragestellungen leiten den Leseprozess.

Problemlösungen benötigen Sachkompetenz und Methodenkompetenz. Texte, die mit diesem Symbol gekennzeichnet sind, geben inhaltliche Impulse und erklären das Thema oder geben methodische Hinweise und beschreiben einen Prozess.

Jedes Thema endet mit einer Selbsterkundung. Die Checkliste verankert das Gelernte in der Lebenswirklichkeit der Schülerinnen und Schüler. Diese Selbsterkundung konfrontiert sie auf der individuellen Ebene mit dem jeweiligen Problem und fordert sie zu einer Stellungnahme heraus. Sie klärt die Bedeutsamkeit des Themas für das eigene Leben und wirkt nachhaltig motivierend.

Die Übersicht in der Umschlaginnenseite am Ende des Arbeitsheftes bietet den Schülerinnen und Schülern die Möglichkeit zur Selbsteinschätzung ihrer Kenntnisse und Fähigkeiten und wird ausgefüllt zum Leitfaden für das weitere individuelle Lernen und Üben.

Zudem finden Sie im Anhang unter der Überschrift „In der Praxis“ (Seite 85 – 87) zu jedem Thema einen Projektvorschlag, entweder für die Gestaltung einer Ausstellung, die parallel zur Arbeit mit dem vorliegenden Heft angegangen werden kann, oder für konkrete Erkundungen am Computer bzw. mithilfe des Computers.

So arbeiten Schülerinnen und Schüler mit diesem Heft

Liebe Schülerin, lieber Schüler,

viele Kinder und Jugendliche nutzen den Computer, das Tablet oder das Handy, um im Internet zu surfen und zu spielen, in sozialen Netzwerken zu kommunizieren oder um Bilder auszutauschen. Einige recherchieren auch im Internet nach Hilfen, um die Hausaufgaben zu bearbeiten. In diesem Heft lernst du, wie du den Computer, das Tablet und das Handy bei diesen schon gewohnten Tätigkeiten noch besser nutzen kannst. Du wirst aber auch neue Erfahrungen machen und dabei herausfinden, was man noch alles mit dem Computer tun kann, um in der Schule und später im Beruf besser zurechtzukommen.

Dabei helfen dir Dana, Ekrem und Josh. Sie begleiten dich durch die Kapitel des Heftes und berichten von ihren Erfahrungen mit dem Computer und Internet. Vieles machen sie schon richtig, aber sie schildern auch Fehler, die ihnen unterlaufen.

Das Arbeitsheft besteht aus fünf großen Kapiteln, den sogenannten Bausteinen. Jeder Baustein ist in mehrere Unterkapitel zum jeweiligen Thema unterteilt. Diese Unterkapitel sind alle gleich aufgebaut. Verschiedene Symbole helfen dir, dich zurechtzufinden.

Hier findest du eine Situationsbeschreibung. Es wird ein Problem dargestellt, das Dana, Ekrem und Josh im Umgang mit dem Computer haben.

Texte, die mit diesem Symbol gekennzeichnet sind, informieren dich. Sie helfen dir, das Thema besser zu verstehen, oder zeigen dir einen Weg, wie du ein Problem am besten lösen kannst.

Dieses Symbol steht meist am Ende eines Themas. Es weist auf eine besondere Aufgabe hin: Hier denkst du über dich selbst nach und wendest das, was du zuvor erarbeitet hast, auf dich selbst an.

Am Ende eines Bausteins kannst du mit der Seite „Teste dich!“ überprüfen, ob du fit in der Fachsprache bist. Fachsprachliche Begriffe zu beherrschen, ist die Voraussetzung, um bei den Themen „Computer“ und „Digitalisierung“ mitreden zu können.

Kapitel, die du erledigt hast, kannst du im Inhaltsverzeichnis ankreuzen. Außerdem kannst du deine Kenntnisse und Fähigkeiten selbst einschätzen, indem du die Tabelle auf der Umschlaginnenseite am Ende des Arbeitsheftes ausfüllst. Dadurch erhältst du einen Überblick, was du schon gut beherrschst und in welchen Bereichen du eventuell noch üben musst.

Auf den Seiten 85 bis 87 findest du schließlich Vorschläge, die über die Arbeit mit diesem Heft hinausgehen. Es sind Ideen für die praktische Arbeit rund um das Thema „Medienbildung“.

Baustein 1: Ich untersuche, welche Rolle Computer in meinem Alltag spielen

1. Wie nutze ich Computer im Alltag?

Ich fülle einen Fragebogen aus

1. Lest den Text M 1 mit verteilten Rollen und spielt die Szene nach.

M 1 Dana, Ekrem und Josh treffen sich morgens im Bus

Dana, Ekrem und Josh gehen nicht nur in dieselbe Klasse, sie sind auch richtig gute Freunde.

Josh: Hallo Dana, alles okay? Du siehst ein bisschen blass aus. Bist du krank?

Dana: Nein, nur müde. Ich habe gestern Abend im Bett ein neues Buch angefangen, eine ganz tolle Pferdegeschichte, die auf einem Reiterhof in den Sommerferien spielt. Total spannend! Und da konnte ich einfach nicht aufhören zu lesen.

Ekrem: Puh, eine Pferdegeschichte … Also wenn ich gestern Abend begonnen hätte, die zu lesen, wäre ich heute bestimmt ausgeschlafen.

Dana: Was du ganz offensichtlich nicht bist. So wie du aussiehst.

Josh: Wenn es nicht ein Buch war, was hat dich vom Schlafen abgehalten?

Ekrem: Ich habe ein bisschen zu lange am Computer gespielt … bis mein Vater ins Zimmer kam. Das wars jetzt erst einmal mit dem eigenen Computer im Zimmer. Mindestens bis zu den Ferien, hat er gesagt.

Dana: Aber du hast doch noch dein Handy.

Ekrem: Ja, aber ohne Flatrate. Damit kann ich höchstens mal eine SMS verschicken.

Dana: Du Armer! Ohne WhatsApp wäre ich aufgeschmissen.

Josh: Bin ich der einzig Ausgeschlafene hier? Ich lese zwar auch gern, aber bestimmt keine Pferdemädchengeschichten. Mein Handy, sagt meine Mutter, ist für den Notfall, zum Telefonieren, falls der Bus mal nicht kommt oder so. Und wenn ich ins Internet muss, weil ich Informationen für die Schule brauche, wie vergangene Woche für das Thema „Haustiere“ in Bio, dann darf ich zum Recherchieren und Ausdrucken den Computer meiner Mutter benutzen.

Dana: Ich fände es trotzdem gut, wenn du eine Flatrate hättest. Dann könnte ich dir mal eine WhatsApp-Nachricht schicken. Und dir auch, Ekrem.

Ekrem: Und was soll da drinstehen?

Dana: Dass wir uns heute Nachmittag im Schwimmbad treffen. Ohne Computer hast du ja wieder mehr Zeit.

Ekrem: Gute Idee! Was ist mir dir, Josh?

Josh: Klar komm ich mit!

2. Wie nutzen Dana, Ekrem und Josh Medien? Kreuze Zutreffendes in der Tabelle an.

Mediennutzung	Dana	Ekrem	Josh
Bücher lesen			
Handynutzung: SMS			
Handynutzung: Telefonieren			
Handynutzung: WhatsApp			
Computer: Spiele			
Computer: Recherchieren			
Computer: Drucken			

Ich denke über mich selbst nach

Checkliste: Welche Computer benutze ich wofür?

Kreuze an. Verbinde dann deine Nutzungsarten mit dem entsprechenden Gerät.

Welche Computer nutze ich?

☐ PC ☐ Handy ☐ Tablet ☐ Laptop

Wofür nutze ich Computer?

☐ Videos anschauen und Musik hören
☐ Recherchieren
☐ Bilder verschicken
☐ Fotografieren
☐ Spielen
☐ E-Mails schreiben
☐ WhatsApp, Instagram …
☐ SMS schreiben
☐ Telefonieren
☐ Hausaufgaben erledigen

3. Wähle eine der folgenden Aufgabe aus:

A Vergleiche den in der Checkliste ausgefüllten Fragebogen mit dem eines Lernpartners. Notiert Gemeinsamkeiten und Unterschiede.
B Bildet Gruppen und wertet die Fragebögen der Klasse nach Geschlechtern getrennt aus.

Gemeinsamkeiten und Unterschiede in der Mediennutzung bezogen auf …

☐ **meinen Lernpartner.** ☐ **Mädchen und Jungen in der Klasse.**

Gemeinsamkeiten	*Unterschiede*

2. Wann ist der Computer eine Hilfe?

Ich beschreibe Situationen, in denen ein Computer nützlich ist

1. Lies die Sprechblasen in M 1. In welchen Situationen würdest du einen Computer nutzen und in welchen nicht? Markiere sie mit unterschiedlichen Farben.

M 1 Dana, Ekrem und Josh haben viel zu tun!

2. Welchen Rat würdest du Dana, Ekrem und Josh geben? Schreibe deine Vorschläge auf. Ergänze dazu die folgenden Satzanfänge.

Wenn du wissen willst, wie viel weiße Sneakers kosten, dann ______________________

____

Wenn du ein Buch als Geschenk suchst, dann ______________________

____

Wenn du den neuen Film sehen willst, dann ______________________

____

Wenn du eine Folge deiner Lieblingsserie verpasst hast, dann ______________________

____

Wenn du dich bei deiner Oma bedanken möchtest, dann ______________________

____

Wenn du Mitschüler nachmittags über Hausaufgaben informieren willst, dann ______________________

____

Wenn du ein Elfchen schreiben sollst, dann ______________________

____

Wenn du den Steckbrief eines Haustiers gestalten willst, dann ______________________

____

Ich denke über mich selbst nach

Checkliste: Wann ist mir der Computer eine Hilfe?

Kreuze an und ergänze den jeweiligen Satz.

Der Computer ist mir eine Hilfe, wenn …

- ☐ *ich mich langweile. Dann* ______________________

____

____

- ☐ *ich Informationen suche. Dann* ______________________

____

- ☐ *ich mich mit anderen unterhalten will. Dann* ______________________

____

- ☐ *ich etwas für die Schule erledigen muss. Dann* ______________________

____

3. Untersuche die Fälle A bis C und kreuze zutreffende Aussagen an.

A Dana will ihre französische Partnerschule vorstellen. Wie soll sie vorgehen?

☐ In der Stadtbibliothek nach Informationen und Bildern suchen.

☐ Im Internet nach Informationen und Bildern suchen.

Begründung: ______________________________

____

B Ekrem will seinen Kater Max im Biologieunterricht vorstellen. Wie soll er vorgehen?

☐ Ein Plakat mit Informationen und Fotos gestalten.

☐ Die Fotos auf dem Handy zeigen.

Begründung: ______________________________

____

C Josh will die Klasse kurzfristig über die Einsatzplanung für das Schulfest informieren. Wie soll er vorgehen?

☐ Persönlich mit den Schülerinnen und Schülern sprechen, die betroffen sind.

☐ Eine Nachricht an die WhatsApp-Klassengruppe schreiben.

Begründung: ______________________________

____

Ich denke über mich selbst nach

Checkliste: Wie oft greife ich auf den Computer als Hilfe zurück?

Kreuze jeweils auf der Linie an und stelle deine Selbsteinschätzung in der Klasse vor.

1. Ich verlasse mich sehr auf den Computer und das Internet.

____

trifft zu *trifft teilweise zu* *trifft nicht zu*

2. Ich muss darüber nachdenken, welche anderen Möglichkeiten der Informationsbeschaffung und Kommunikation außer dem Computer sinnvoll sind.

____

trifft zu *trifft teilweise zu* *trifft nicht zu*

3. Ich arbeite zu wenig mit Computer und Internet.

____

trifft zu *trifft teilweise zu* *trifft nicht zu*

3. Was tun, wenn der Computer zum Problem wird? – Beispiel: Mediensucht

Ich formuliere Tipps zur Problemlösung

1. Lies den Text M 1 und finde heraus, welches Problem die Familie hat.

M 1 Dana erzählt Ekrem und Josh von einem Problem

„Also, die Arbeitskollegin meiner Mutter, Tina, ist alleinerziehend und muss viel arbeiten, damit sie über die Runden kommt. Sie hat Zwillinge, einen Jungen und ein Mädchen. Beide sind in der sechsten Klasse und waren eigentlich immer gut in der Schule. Jetzt ist der Junge total schlecht geworden und wird wahrscheinlich nicht in die siebte Klasse versetzt werden. Tina erzählt, dass sie erst ganz verzweifelt gewesen sei, als von der Schule ein Brief mit dieser Information kam. Dann habe sie sich aber mit ihren Kindern zusammengesetzt und über die schlechten Noten geredet. Dabei stellte sich heraus, dass ihr Sohn unheimlich viel Zeit am Computer verbringt und zockt. Für die Schule macht er so gut wie nichts mehr. Seine Schwester erzählt, dass er die meiste Zeit in seinem Zimmer sitzt und sich kaum noch mit seinen Freunden trifft. Tina meint, ihr sei schon aufgefallen, dass ihr Sohn sich zurückzieht und sogar in seinem Zimmer essen will. Dabei habe sie sich aber nichts gedacht, weil sie der Ansicht war, dass Jungen in der Pubertät halt so sind. Jetzt weiß sie es besser."

2. Was ist genau passiert? Lies M 1 erneut und fülle dann die Felder des Ablaufdiagramms aus.

Folgen in der Schule:

____
____
____
____
____

Folgen für die Familie und Freunde:

____
____
____
____
____

Ursache:

____
____
____
____
____

3. Dana hat in einer Jugendzeitschrift folgenden Informationstext gelesen.
Lies den Text M 2 und formuliere Tipps, wie Eltern sich in solchen Situationen verhalten sollen.

M 2 Mediensucht – welche Hilfen gibt es?

Wenn Kinder süchtig nach digitalen Medien sind, empfehlen Experten Folgendes: Zuerst sollten die Eltern mit ihren Kindern über deren Medienverhalten sprechen. Am Ende sollten sie Vereinbarungen treffen. Darin müssen klare Regeln für die Mediennutzung festgelegt werden, beispielsweise, dass das Kind den Computer nur 30 Minuten am Tag zum Spielen benutzen darf. Die Eltern müssen dann die Einhaltung der Regeln regelmäßig kontrollieren und auch Konsequenzen ziehen, falls gegen die Regeln verstoßen wird. Außerdem ist es sinnvoll, den betroffenen Kindern Alternativen in Form von Freizeitaktivitäten ohne Computer anzubieten wie Sport oder gemeinsame Spieleabende. Wenn man mit all den Ratschlägen nicht weiterkommt, sollte man zu Experten gehen, einem Kinderarzt, Kinder- und Jugendpsychologen oder einer Suchtberatungsstelle.

Mediensucht – Tipps für Eltern betroffener Kinder:

1. ______________________________

2. ______________________________

3. ______________________________

4. ______________________________

5. ______________________________

Ich denke über mich selbst nach

Checkliste: Ist mein Umgang mit dem Computer problematisch?

Kreuze an.

1. Benutzt du den Computer beinahe täglich?	☐ Ja	☐ Nein
2. Musst du oft an Chats oder Computerspiele denken?	☐ Ja	☐ Nein
3. Bist du schlecht gelaunt, wenn du nicht chattest oder spielst?	☐ Ja	☐ Nein
4. Hast du wegen des Computers schon Treffen mit Freunden abgesagt?	☐ Ja	☐ Nein
5. Hast du wegen deiner Computernutzung schon jemanden belogen?	☐ Ja	☐ Nein
6. Wurdest du wegen deiner Computernutzung von anderen kritisiert?	☐ Ja	☐ Nein
7. Verbringst du immer mehr Zeit an deinem Computer?	☐ Ja	☐ Nein

Teste dich!

Wer beim Thema „Computer“ mitreden und verstehen will, was andere sagen, der muss wichtige Fachbegriffe beherrschen. Bist du fit? Fülle das Kreuzworträtsel aus.
Tipp: Du findest die Begriffe auch im Wortspeicher.

1 Dafür steht die Abkürzung PC (zwei Wörter)
2 Computer zum Aufklappen
3 Computer, den viele Kinder und Jugendliche mit sich tragen
4 Computer ohne Tastatur
5 Gefahr bei unkontrolliertem Umgang mit dem Computer
6 Am Computer spielen
7 Informationen im Internet suchen
8 Hier kann man surfen
9 Ein anderes Wort für SMS
10 Ein soziales Netzwerk
11 Eine Möglichkeit der Handynutzung

Mediensucht ▪ Internet ▪ Personal Computer ▪ telefonieren ▪ Laptop ▪ zocken ▪ recherchieren ▪ Kurznachricht ▪ WhatsApp ▪ Handy ▪ Tablet

Baustein 2: Ich arbeite mit Computern

1. Welche Arten von Computern gibt es?

Ich lerne unterschiedliche Geräte kennen

1. Computer stecken in vielen Geräten, die wir in unserem Alltag benutzen.
Sieh dir die Abbildung M 1 an, lies die Sprechblasen und verbinde die Gerätenamen in den Sprechblasen mit den entsprechenden Geräten in der Abbildung.

M 1 Dana, Ekrem und Josh nutzen unterschiedliche Geräte

2. Welche Computer benutzen Dana, Ekrem und Josh? Notiere die passenden Begriffe aus den Sprechblasen auf Seite 16.

Dana: _ _ _ _ _ _ _ *und* _ _ _ _ _ *T* _ _ _ _ _ _

Ekrem: _

Josh: _ *A* _ _ _ *P*

3. Auf Seite 16 werden in jeder Sprechblase zwei unterschiedliche Begriffe für den gleichen Computer genannt. Welche Begriffe meinen dasselben? Notiere sie in den Textlücken.

Josh nennt seinen Computer ______________________________ und ____________________________.

Dana nennt ihren Computer ______________________________ und ____________________________.

Ekrem nennt seinen Computer ______________________________ und ____________________________.

4. Welche Computer nutzen Dana, Josh und Ekrem und wozu? Verbinde die passenden Begriffe.

Josh	PC	Spiele
Dana	Laptop	Kommunikation
Ekrem	Smartphone	Videos

Ich denke über mich selbst nach

Checkliste: Welche Computer benutze ich selbst wie häufig?

Kreuze an und stelle deine Ergebnisse in der Klasse vor.

☐ Personal Computer	☐ täglich	☐ mehrmals wöchentlich	☐ weniger oft
☐ Tablet	☐ täglich	☐ mehrmals wöchentlich	☐ weniger oft
☐ Laptop	☐ täglich	☐ mehrmals wöchentlich	☐ weniger oft
☐ Smartphone	☐ täglich	☐ mehrmals wöchentlich	☐ weniger oft

5. Vergleiche die unterschiedlichen Geräte. Betrachte dazu nochmals die Abbildung auf Seite 16 und lies die Sprechblasen. Male jeweils den zutreffenden Kreis farbig aus.

	Smartphone		**PC**		**Laptop**		**Tablet**	
	🟢	🔴	🟢	🔴	🟢	🔴	🟢	🔴
Ist das Gerät mobil?	○	○	○	○	○	○	○	○
Kann ich es bequem mitnehmen?	○	○	○	○	○	○	○	○
Kann ich damit telefonieren?	○	○	○	○	○	○	○	○
Kann ich damit fotografieren?	○	○	○	○	○	○	○	○
Kann ich damit bequem Videos anschauen?	○	○	○	○	○	○	○	○
Kann ich damit im Internet surfen?	○	○	○	○	○	○	○	○
Kann ich damit soziale Netzwerke nutzen?	○	○	○	○	○	○	○	○
Kann ich damit Texte verfassen?	○	○	○	○	○	○	○	○
Kann ich damit E-Mails verschicken?	○	○	○	○	○	○	○	○

Ich denke über mich selbst nach

Checkliste: Welche Computer benutze ich wozu?

Kreuze Zutreffendes an.

1. Deine beste Freundin ist in den Urlaub gefahren. Du willst ihr etwas Wichtiges mitteilen.
Dazu nutze ich …

☐ das Smartphone. ☐ das Tablet. ☐ den PC. ☐ den Laptop.

2. Dein Freund kommt zu Besuch. Ihr wollt gemeinsam einen Film auf YouTube sehen.
Dazu nutze ich …

☐ das Smartphone. ☐ das Tablet. ☐ den PC. ☐ den Laptop.

3. Du sollst Bilder eines bestimmten Haustiers im Internet suchen, sie abspeichern und der Klasse im Biologieunterricht vorstellen.
Dazu nutze ich …

☐ das Smartphone. ☐ das Tablet. ☐ den PC. ☐ den Laptop.

4. Du willst Fotos eures Wandertags in die Klassenchatgruppe einstellen.
Dazu nutze ich …

☐ das Smartphone. ☐ das Tablet. ☐ den PC. ☐ den Laptop.

5. Du hast im Deutschunterricht ein Gedicht geschrieben. Es soll nun abgetippt und ausgedruckt werden.
Dazu nutze ich …

☐ das Smartphone. ☐ das Tablet. ☐ den PC. ☐ den Laptop.

2. Aus welchen Teilen besteht ein Computer?

Ich verstehe und benutze Fachbegriffe

M 1 In Danas Zimmer

1. Betrachte die Abbildung auf Seite 19 und lies den Text M 2.
Trage die fett gedruckten Begriffe aus M 2 in die Schreibfelder der Abbildung ein.

M 2 Danas Computer

Dana hat zum Geburtstag ihren ersten Computer geschenkt bekommen. Der ist zwar gebraucht, aber er funktioniert noch einwandfrei. Neben dem eigentlichen **Computer** gehören dazu eine **Tastatur**, eine **Maus** sowie ein großer **Bildschirm** oder **Monitor**, auf dem man wie mit einem Fernsehgerät Videos schauen kann. Und sogar ein **Drucker** ist dabei – den braucht Dana beispielsweise, wenn sie Texte für die Schule schreiben und ausdrucken muss. In der Transportkiste war außerdem ein Kabelknäuel aus **Netzkabeln** und **Datenübertragungskabeln**.
„Allein schaffe ich es nie, den Computer zusammenzubauen", denkt Dana, „Ekrem und Josh müssen mir helfen!"

2. Lies den Informationstext M 3. Unterstreiche in jedem Satz die Funktion des jeweiligen Computerteils.

M 3 Welche Teile des Computers haben welchen Zweck?

Bauteile
- Der *Computer* führt alle Programme aus. Mit ihm kann man spielen, mit anderen kommunizieren, Texte schreiben und Seiten gestalten.
- Mit der *Maus* oder dem *Touchpad* gibst du dem Computer Befehle.
- Mit der *Tastatur* kannst du Buchstaben, Ziffern und Satzzeichen schreiben und dem Computer Befehle geben.
- Auf dem *Bildschirm* oder *Monitor* siehst du, was der Computer tut.
- Mit dem *Drucker* kannst du Bilder und Texte auf Papier ausdrucken.

Kabelverbindungen
- Die *Mehrfachsteckdose* versorgt mehrere Geräte mit Strom.
- *Netzkabel* versorgen den Computer und den Drucker mit Strom.
- Das *VGA-Kabel* verbindet den Computer mit einem Bildschirm oder Beamer.
- Das *HDMI-Kabel* kann ein VGA-Kabel ersetzen.
- Das *USB-Kabel* verbindet den Computer mit dem Drucker.

3. Jeweils zwei Antworten sind richtig. Kreuze sie an.

Mit welchen Geräten kannst du einem Computer Befehle geben?

☐ Maus	☐ Monitor	☐ Handy
☐ Tastatur	☐ Drucker	☐ Tablet

Welche Geräte verarbeiten deine Befehle und Eingaben?

☐ Notebook	☐ Monitor	☐ Maus
☐ Tastatur	☐ Drucker	☐ Tablet

Welche Geräte zeigen dir, was du mithilfe des Computers gemacht hast?

☐ Maus	☐ Monitor	☐ Touchpad
☐ Tastatur	☐ Drucker	☐ USB-Kabel

4. Ekrem und Josh helfen Dana, den Computer zusammenzubauen. Zeichne Danas Computer in zusammengebautem Zustand. Beschrifte alle Kabel.
Lies dazu erneut den Informationstext M 3.

5. Josh hat sein Laptop zu Dana mitgebracht, Ekrem hat Danas Tablet in der Hand. Jetzt vergleichen die drei Freunde die Computer miteinander. Ergänze den Dialog mithilfe des Wortspeichers.
Tipp: Einen Begriff musst du zweimal verwenden.

Josh: Dein neuer ______________________ ist fertig zusammengebaut ganz schön groß.

Dana: Ja, viel Platz habe ich nun nicht mehr auf dem Schreibtisch.

Ekrem: Dein ______________________ kann doch eigentlich unter dem Schreibtisch stehen. Das ______________________ ist lang genug. Und auch das ______________ passt.

Josh: So viel druckst du sowieso nicht aus. Bei den Preisen für ______________.

Dana: Ja, und der Papierverbrauch ist auch nicht gut für unsere ____________. Noch ein Grund, sparsam zu sein und wenig zu drucken.

Josh: Ich beneide dich. Wenn ich etwas ausdrucken will, dann muss ich das __________ des Druckers im Arbeitszimmer meiner Mutter zuerst einmal an das __________ anschließen. Das ist so ein Aufwand, dass ich mir das Ausdrucken meistens spare.

Ekrem: Was gut für die Umwelt ist, wie wir gerade gehört haben! Ganz im Ernst: Immerhin kannst du drucken. Mit dem ____________ geht das nicht. Und Texte zu schreiben, ist ohne ______________ einfach nur mühsam.

Dana: Aber dafür ist man damit ______________ und kann überall Filme schauen.

Josh: Jedes Gerät hat Vor- und Nachteile. Lasst uns Danas Computer jetzt ausprobieren!

Computer ▪ USB-Kabel ▪ Tintenpatronen ▪ Drucker ▪ Laptop ▪ Netzkabel ▪ mobil ▪ Umwelt ▪ Tastatur ▪ Tablet

Ich denke über mich selbst nach

Checkliste: Wie gut kenne ich mich mit den Teilen des Computers aus?

Eine Freundin oder ein Freund bittet dich darum, beim Zusammenbau eines Computers zu helfen. Kreuze auf der Linie an, wie du dich einschätzt, und begründe deine Aussage mit dem, was du bereits kannst oder noch nicht kannst.

Ich wäre eine Hilfe. *Ganz sicher bin ich noch nicht.* *Ich brauche selbst noch Hilfe.*

Warum? ____

____

____

3. Wie benutze ich die Tastatur?

Ich beschreibe grundlegende Funktionen

1. Lest den Text M 1 mit verteilten Rollen und spielt ihn nach.
Tipp: Verwendet für das Rollenspiel eine echte Tastatur.

M 1 Dana, Ekrem und Josh lernen die Tastatur kennen

Dana, Ekrem und Josh stellen fest, dass die Tastatur eine ganze Menge Tasten hat, deren Buchstabenkombinationen und Symbole ihnen nichts sagen.

Josh: Ganz schön viele Tasten auf so einer Tastatur.
Dana: Da gibt es bestimmt zehn Tasten nur mit Pfeilen. Echt verwirrend!
Ekrem: Die vier *Pfeiltasten* unten rechts auf der Tastatur kenne ich schon. Die braucht man zum Spielen.
Josh: Die Pfeiltaste links unten heißt *Shift-Taste*. Man braucht sie, um große Buchstaben zu schreiben. Sie ist also wirklich wichtig. Aber der Rest … keine Ahnung.
Dana: Bei den meisten Tasten ist doch klar, was sie bedeuten. Ich meine die Buchstabentasten und die mit den Ziffern und Satzzeichen.

2. Markiere in der abgebildeten Tastatur alle Eingabetasten für Buchstaben und Ziffern grün. Markiere alle übrigen Tasten rot.

3. Schreibe die beiden in M 1 kursiv gedruckten Begriffe jeweils in das passende Kästchen.

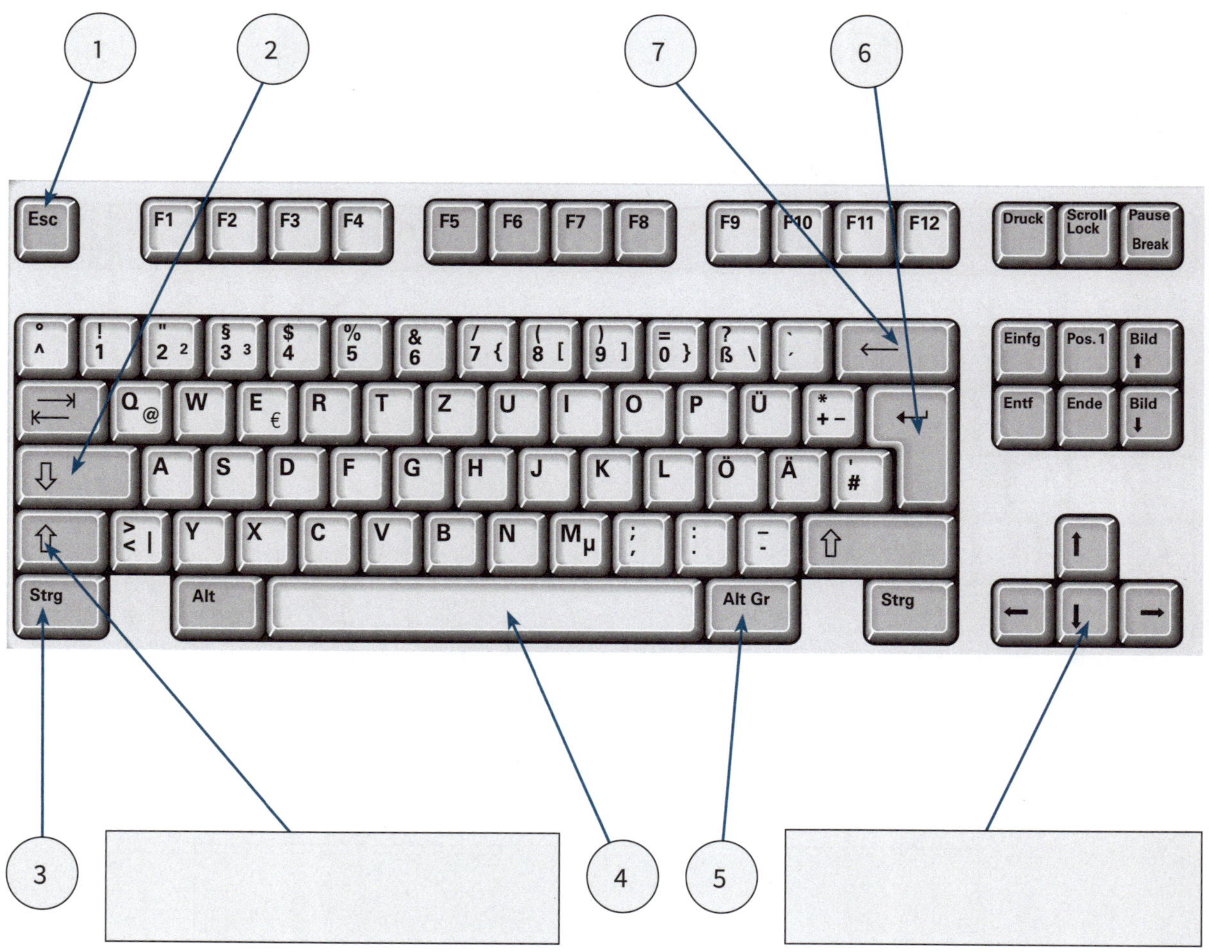

4. Lies den Informationstext M 2.

M 2 Funktionstasten und ihre Bedeutung

1 = Escape-Taste: Mit dieser Taste kannst du Vorgänge und Prozesse abbrechen, zum Beispiel dann, wenn du nicht mehr weiterkommst.

2 = Feststelltaste: Diese Taste drückst du, wenn du nur große Buchstaben schreiben willst. Sie stellt die *Shift-Taste* fest. Zur Kontrolle leuchtet dann ein Lämpchen auf. Wenn du wieder kleine Buchstaben schreiben willst, musst du die Tastensperre durch erneutes Antippen lösen.

3 = Steuerungstaste: Diese Taste mit der Beschriftung Strg drückst du in Verbindung mit anderen Tasten, um bestimmte Befehle zu geben. So kannst du mit „Strg c" einen markierten Text kopieren und ihn mit „Strg v" wieder an einer bestimmten Stelle einfügen.

4 = Leertaste: Mit dieser Taste kannst eine Lücke zwischen zwei Wörtern tippen.

5 = Alt-Gr-Taste: Mit dieser Taste kannst du bestimmte Befehle geben, wie zum Beispiel @ (Alt Gr q) oder € (Alt Gr e) aufrufen.

6 = Return-Taste: Mit dieser Taste bestätigst du einen Befehl. Sie wird auch *Enter-Taste* genannt. Außerdem benutzt du diese Taste, wenn du beim Schreiben einen Absatz machen möchtest.

7 = Backspace-Taste: Mit dieser Taste löschst du ein vorangehendes Zeichen.

5. Beschrifte die folgende Tastatur, indem du die Fachbegriffe in die passenden Textfelder schreibst.
Tipp: Die Nummerierung auf Seite 23 hilft dir.

6. Ergänze den Lückentext mit Begriffen rund um die Tastatur. Du findest sie auf Seite 24.

Die Tastatur eines Computers besteht nicht nur aus den Tasten für Buchstaben, Zahlen, Satz- und Sonderzeichen. Es gibt auch die ______________________________. Die ______________________________ benutze ich, wenn ich große Buchstaben schreiben möchte. Dauerhaft aktiviert wird diese Taste durch die ______________________________. Die ______________________________ ist auf vielen Computern mit der Abkürzung Strg beschriftet. Ich drücke sie zusammen mit anderen Tasten, um bestimmte Befehle auszuführen. Wichtig ist auch die ____________________. Mit ihr tippe ich eine Lücke zwischen zwei Wörtern. Um beim Schreiben in eine neue Zeile zu gelangen, drücke ich die __________________________ bzw. __________________________. Möchte ich ein Zeichen, das ich getippt habe, löschen, benutze ich die ______________________________.

7. Beschrifte in der Tastatur die Funktionstasten. Schreibe dazu die Symbole und Buchstabenabkürzungen jeweils in die richtige Taste.

Ich denke über mich selbst nach

Checkliste: Wie gut kann ich mit der Tastatur umgehen?

Wie schätzt du deine Fähigkeiten auf der Tastatur ein? Kreuze zutreffende Smileys an.

Ich kann …	☺	😐	☹
Buchstaben, Ziffern und Satzzeichen sicher schreiben.			
große Buchstaben schreiben.			
die festgestellte Shift-Taste lösen, um klein weiterzuschreiben.			
eine Leerstelle zwischen zwei Wörtern tippen.			
falsche Buchstaben mit der Backspace-Taste löschen.			
ein @ tippen.			
Vorgänge abbrechen.			

4. Wie gebe ich dem PC Befehle?

Ich lerne, wie die Computermaus funktioniert

1. Lest die Sprechblasen in M 1 und spielt die Szene mit verteilten Rollen nach.

M 1 Dana, Ekrem und Josh lernen die Computermaus kennen

Dana, Ekrem und Josh sind mit ihrer Biologielehrerin im Computerraum. Sie haben die Aufgabe, den Steckbrief eines Haustiers zu gestalten. Dazu sollen sie sich am Computer anmelden und ihr persönliches Passwort eingeben. Allerdings hat Josh ein kleines Tier nicht im Griff …

2. Wie heißt das „kleine Tier“, das Josh nicht im Griff hat? Ergänze den Satz.

Das kleine Tier ist die ____ ____ ____ ____.

3. Lies M 2 und skizziere anhand der Anleitung eine Computermaus. Übermale dazu die Zeichnung.

M 2 So funktioniert die Computermaus

1. Der Schwanz wird zum **USB-Kabel**. Mit ihm werden deine Befehle an den Rechner übermittelt.
2. Das linke Ohr und die linke Gesichtshälfte werden zur **linken Maustaste**. Mit einem Doppelklick kannst du den Cursor setzen und Befehle geben.
3. Das rechte Ohr und die rechte Gesichtshälfte werden zur **rechten Maustaste**. Mit einem einfachen Klick auf die rechte Maustaste kannst du die wichtigsten Programmbefehle aufrufen und dann mit der linken Maustaste aktivieren.

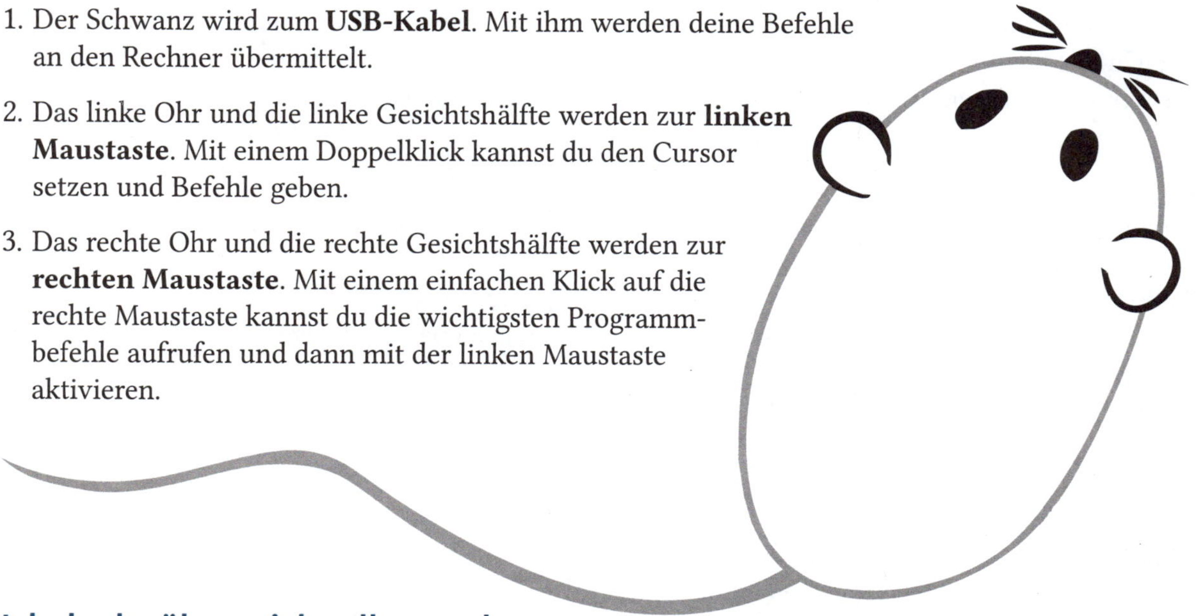

Ich denke über mich selbst nach

Checkliste: Wie gut kann ich mit der Computermaus umgehen?

Kreuze zutreffende Smileys an.

Ich kann …	☺	😐	☹
die Bestandteile einer Computermaus benennen.			
die Funktionen der linken Maustaste beschreiben.			
die Funktionen der rechten Maustaste beschreiben.			
den Mauszeiger sicher steuern.			
den Doppelklick mit der linken Maustaste ausführen.			

Kreuze deine Einschätzung auf der Linie an.

Insgesamt bin ich im Umgang mit der Computermaus …

sehr sicher — *noch nicht sicher* — *sehr unsicher*

Tipp: Bist du im Umgang mit der Computermaus nicht sicher, trainiere so lange, bis du sie beherrschst.

5. Wie melde ich mich an einem Computer an?

Ich beurteile die Bedeutung von Passwörtern

1. Lest den Text M 1 mit verteilten Rollen und spielt die Szene nach.

M 1 Dana, Ekrem und Josh auf der Suche nach einem Passwort

Als Dana, Ekrem und Josh sich zum ersten Mal an den Computern im Computerraum ihrer Schule anmelden sollen, sind sie ein wenig aufgeregt. Bereits bei der Schulanmeldung hatte jeder einen Merkzettel mit einem Passwort für die Schulcomputer bekommen.

Josh: Habt ihr euer Passwort dabei?
Dana: Klar, im Hausaufgabenheft. Und du, Ekrem?
Ekrem: Hier: *GemS-66aS#5b*. Sind eure Passwörter genauso? Das kann sich doch kein Mensch merken!
Josh: Ich wäre schon froh, wenn ich meins richtig eintippen könnte.
Dana: Und deshalb sollten wir uns für heute auch ein eigenes ausdenken.
Ekrem: Habe ich gemacht: *12345678*. Kann ich mir ganz leicht merken.
Josh: Mein Passwort heißt *Passwort*. Und deines heißt *Minky*, wetten?
Dana: Ja, das kann ich mir eben gut merken.
Ekrem: Ich fasse es nicht, der Name deiner Katze! Das kann doch jeder erraten, der dich ein bisschen kennt.
Josh: Nachdem nun jeder von uns die Passwörter der anderen beiden weiß, sind diese ja wertlos geworden. Was machen wir also?
Dana: Lies mal den Merkzettel mit den Tipps für ein sicheres Passwort vor.

2. Lies im Informationstext M 2 nach, wie du ein sicheres Passwort bildest.

M 2 Tipps für ein sicheres Passwort

Das geht gar nicht:
- Verwende keine persönlichen Informationen, die andere kennen – zum Beispiel Namen von Familienmitgliedern, Haustieren oder das eigene Geburtsdatum.
- Verwende keine fortlaufenden Zahlen- oder Buchstabenfolgen auf der Tastatur – zum Beispiel *12345678* oder *qwertzuiopü*.

Das geht gut:
- Verwende eine Kombination aus Ziffern, großen und kleinen Buchstaben und Satz- oder Sonderzeichen – zum Beispiel *GemS-66aS#5b*.
- Damit du dir dein Passwort merken kannst, verwendest du eine Bildungsregel. Es gibt zwei Strategien, mit denen du ein sicheres Passwort bilden kannst:

Merksatzstrategie: Du denkst dir einen Satz aus, der irgendetwas mit dir zu tun hat, zum Beispiel: *Ich gehe jeden Tag um 5 mit meinem Hund in den Wald!* Jetzt bildest du aus den Anfangsbuchstaben der Wörter, den Ziffern und Sonderzeichen dein Passwort.

Einsetzstrategie: Du denkst dir einen Satz aus und ersetzt bestimmte Buchstaben durch Ziffern. Ein S gleicht einer 5, ein I gleicht einer 1. Die Ziffern ersetzen in deinem Merksatz die entsprechenden Buchstaben, dazu den letzten Buchstaben großschreiben und ein Sonderzeichen einfügen: Fertig ist das sichere Passwort – zum Beispiel *5oe1n5pA55!*.

Merke: Deine Bildungsregel ist genauso geheim wie dein Passwort.

3. Leite mithilfe der Bildungsregel aus dem Merksatz ein Passwort ab. Unterstreiche dazu im Merksatz in jedem Wort den ersten Buchstaben.

Bildungsregel: Ich verwende von jedem Wort des Merksatzes den ersten Buchstaben.
Ziffern und Sonder- oder Satzzeichen bleiben unverändert stehen.

↓

Merksatz: Ich gehe jeden Tag um 5 mit meinem Hund in den Wald!

↓

Passwort: __ __ __ __ __ 5 __ __ __ __ __ __ !

4. Leite mithilfe der Bildungsregel aus dem Passwort den Merksatz ab.

Bildungsregel: Ich ersetze Buchstaben durch Ziffern: S = 5 und I = 1.
Ich schreibe den letzten Buchstaben groß.
Ich ergänze ein Satz- oder Sonderzeichen.

↓

Passwort: 5oe1n5pA55!

↓

Merksatz: __ *o e* __ *n* __ *p a* __ __ !

5. Sind die Passwörter in der Tabelle gut oder schlecht? Kreuze den jeweils passenden Smiley an.

Passwort	☺	😐	☹
123456#Q			
1234567890			
Qua__33kk9			
12.3.2009			
HundFifi			
Ek12.remDaJo			
-.,mnbvcxy			
SdPidTgos?2:2			
A1B2C3?			
MA1405##			

6. Sammelt in der Klasse, was alles mit Passwörtern angestellt werden kann, wenn sie in falsche Hände geraten. Ergänzt dann den Dialog und spielt ihn vor.

Josh: Nachdem nun jeder von uns die Passwörter der anderen beiden weiß, sind diese ja wertlos geworden. Was machen wir also?

Dana: ______________________________

____

____

Ekrem: Außerdem wären Minky und 12345678 sowieso keine sicheren Passwörter.

Josh: Aber warum müssen Passwörter denn überhaupt sicher sein?

Dana: Stell dir doch mal vor, ______________________________

____

Außerdem ______________________________

Ekrem: Wenn ich mir vorstelle, dass jeder mein Passwort kennt, dann könnte ______________________________

____

____

____

____

____

Ich denke über mich selbst nach

Checkliste: Kann ich sichere Passwörter bilden?

Verwende eine der beiden folgenden Strategien und bilde damit ein sicheres Passwort.

Ich wähle für mein Passwort

- ☐ die Merksatzstrategie.
- ☐ die Einsetzstrategie.

6. Wie speichere ich ein Dokument ab?

Ich nutze unterschiedliche Speichermedien

1. Lies die Sprechblasen in M 1.
Sprecht über die Probleme, die Dana, Ekrem und Josh haben.

M 1 Dana, Ekrem und Josh wollen später an ihrem digitalen Steckbrief weiterarbeiten

Als die Biologiestunde im Computerraum zu Ende geht, haben Dana, Josh und Ekrem Probleme:

2. Lies den Informationstext M 2.

M 2 Welche Speichermedien gibt es?

Die meisten Dateien, also Dokumente, Bilder, Videos oder Musiktitel, werden auf dem Computer selbst abgespeichert. Wenn du zum Beispiel an einem Dokument weiterarbeiten möchtest, findest du es auf dem Computer, mit dem du arbeitest. Der Ort, an dem die Dateien auf dem Computer gespeichert werden, heißt Festplatte.

Wenn du Dateien, zum Beispiel eine Textdatei oder Bilddateien, transportieren möchtest, dann benutzt du am besten einen USB-Stick. Er ist leicht, passt in dein Mäppchen und kann an allen Computern mit USB-Anschluss geöffnet werden. USB-Sticks sind nicht teuer.

Wenn du Daten transportieren möchtest, kannst du aber auch eine SD-Karte benutzen. Sie ist nur so groß wie eine Briefmarke, weshalb man sie leicht verlieren kann. Allerdings hat nicht jeder Computer einen Kartenschacht, in den man die SD-Karte hineinstecken kann, um darauf Dateien abzuspeichern.

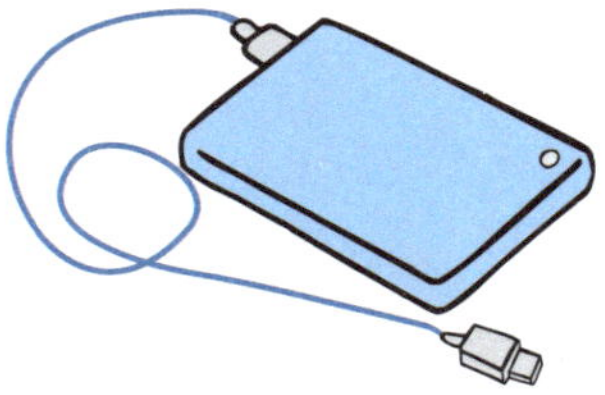

Profis, die viele Dateien auf einmal transportieren müssen, um an verschiedenen Orten damit arbeiten zu können, benutzen häufig externe Festplatten. Diese haben allerdings den Nachteil, dass sie größer und schwerer als USB-Sticks sind. Außerdem sind sie sehr teuer.

3. Entscheide für jeden Fall, welches Speichermedium geeignet ist. Ergänze den Satz und begründe deine Entscheidung.

Dana wählt als Speichermedium für ihren Steckbrief ______________________.

Begründung: ______________________

____

____

Ekrem wählt als Speichermedium für seinen Steckbrief ______________________.

Begründung: ______________________

____

____

Josh wählt als Speichermedium für seinen Steckbrief ______________________.

Begründung: ______________________

____

____

4. Lies in der Sprechblase in M 3 die Erklärung der Biologielehrerin.

M 3 Anleitung zum Speichern einer Datei

Nachdem sich jeder für ein Speichermedium entschieden hat, erklärt die Biologielehrerin Frau Staudermann die folgenden Schritte:

Ich denke über mich selbst nach

Checkliste: Beherrsche ich die einzelnen Schritte beim Speichern einer Datei?

Kreuze an.

1. Ich kann unterschiedliche Speichermedien benennen.	☐ Ja	☐ Nein
2. Ich kenne die Vor- und Nachteile unterschiedlicher Speichermedien.	☐ Ja	☐ Nein
3. Ich kann in der Menüband einen Oberbegriff öffnen.	☐ Ja	☐ Nein
4. Ich kann mit der Maus verschiedene Befehle geben.	☐ Ja	☐ Nein
5. Ich kann meiner Datei einen sinnvollen Namen geben.	☐ Ja	☐ Nein
6. Ich kann meine Datei unter diesem Namen abspeichern.	☐ Ja	☐ Nein

7. Wie drucke ich ein Dokument aus?

Ich verhalte mich beim Drucken umweltbewusst

1. Lies den Text M 1.

M 1 Dana möchte ihren Steckbrief ausdrucken

Nachdem Dana noch weiter an ihrem Steckbrief gearbeitet hat, ist sie stolz auf das Ergebnis und möchte die Seite unbedingt ausdrucken. Doch ihre Biologielehrerin Frau Staudermann erlaubt das zunächst nicht.

Dana: Das ist doch gemein, dass ich meine Seite mit dem Steckbrief nicht ausdrucken darf.

Ekrem: Warum willst du die Seite überhaupt ausdrucken? Ich meine, für die Präsentation brauchst du den Ausdruck doch nicht.

Josh: Stimmt, Frau Staudermann hat gesagt, das machen wir mit dem Beamer.

Dana: Aber was ist denn dabei, eine Seite auszudrucken? Das kostet doch fast nichts.

Ekrem: Na ja, bei 26 Schülerinnen und Schülern in der Klasse und sagen wir mal acht Fächern, da kommen schon ein paar Ausdrucke und gewisse Kosten im Monat zusammen. Außerdem willst du bestimmt eine Farbkopie, oder?

Dana: Klar, der Steckbrief sieht in Farbe viel besser aus.

Josh: Das stimmt. Aber denke doch mal daran, was ein Ausdruck alles verbraucht: Papier, Farbe und Strom. Meinst du, das ist gut für die Umwelt?

2. Beantworte Joshs Frage am Ende des Textes M 1 und nimm Stellung zu Danas Anliegen. Ergänze dazu den folgenden Satz.

Ich bin der Meinung, dass

3. Markiere im Text M 1 Argumente, mit denen Frau Staudermann gegenüber Dana begründen könnte, dass ein Ausdruck nicht sinnvoll ist. Ergänze mit diesen Argumenten den folgenden Dialog.

Dana: Frau Staudermann, ich möchte meinen Steckbrief gerne ausdrucken, und zwar in Farbe.

Frau Staudermann: Dein Steckbrief ist wirklich schön geworden und ich kann verstehen, dass du ihn gerne ausdrucken würdest. Aber …

4. Lies M 2 und markiere in der Sprechblasen drei Regeln für umweltbewusstes Drucken in der Schule.

M 2 Anleitung zum Drucken

Nachdem Frau Staudermann mit Dana gesprochen hat, erlaubt sie den Schülerinnen und Schülern trotz ihrer Bedenken, den Steckbrief auszudrucken. Sie sagt:

Wie ihr wisst, finde ich es wichtig, sparsam zu sein beim Drucken. Allerdings hat Dana mich überzeugt, heute eine Ausnahme zu machen. Schließlich ist das eure erste Arbeit mit dem Computer. Doch es gelten Regeln!

1. Regel: Ausgedruckt wird nur mit meiner ausdrücklichen Erlaubnis.
2. Regel: Es werden nur schöne Arbeitsergebnisse ausgedruckt.
3. Regel: Jeder Ausdruck wird sorgfältig ins Heft geklebt.

Wer also jetzt ausdrucken will, der zeigt mir seinen Steckbrief und bekommt erst dann grünes Licht fürs Drucken. Daraufhin geht ihr folgendermaßen vor: Öffnet in der Symbolleiste das Druckersymbol. Dann klickt ihr den Drucker an, den ihr benutzen wollt. Jetzt geht ihr auf die Schaltfläche „Drucken". Falls das Druckersymbol nicht angelegt ist, könnt ihr auch im Menüband „Datei" aufrufen und dann „Drucken" auswählen. Jetzt müsst ihr auch auf diesem Weg den passenden Drucker auswählen und dann „Drucken" anklicken.

5. Wie soll Dana beim Drucken des Steckbriefs vorgehen, nachdem ihr Frau Staudermann die Erlaubnis dafür erteilt hat? Finde die drei Schritte in der Sprechblase und notiere sie.

1. ______________________________

2. ______________________________

3. ______________________________

Ich denke über mich selbst nach

Checkliste: Wie umweltbewusst und selbstständig bin ich beim Drucken?

Kreuze an.

1. Ich überlege mir vor dem Drucken, warum ich die Seite ausdrucken will.	☐ Ja	☐ Nein
2. Ich kenne die Nachteile, die mit jeder ausgedruckten Seite verbunden sind.	☐ Ja	☐ Nein
3. Ich kann eine Datei oder ein Dokument selbstständig ausdrucken.	☐ Ja	☐ Nein

8. Wie finde ich eine sinnvolle Struktur zum Speichern meiner Dokumente?

Ich lege einen Ordner an

1. Lies den Text M 1.

M 1 Dana nutzt den USB-Stick ihrer Schwester

Dana hat sich den USB-Stick ihrer Schwester ausgeliehen und darauf Bilder ihrer Katze Minky und ihren Steckbrief gespeichert. Nun möchte sie die Fotos und den aktuellen Stand ihres Steckbriefs Ekrem und Josh zeigen.

Ekrem: Warum dauert das so lange? Jetzt öffne doch endlich die Datei!

Josh: Weißt du nicht mehr, wie das geht?

Dana: Doch, aber ich finde die Datei nicht. Mein Gott, wie viele Dokumente hat meine Schwester denn hier auf dem Stick abgespeichert?

Ekrem: Lass mich mal! … Unter welchem Namen hast du denn den Steckbrief abgespeichert?

Dana: Unter „Steckbrief Minky". An die Namen der Bilddateien kann ich mich aber leider nicht mehr erinnern, die haben Namen aus Buchstaben und Zahlen. So was kann ich mir nicht merken.

Ekrem: IMG_1345.jpg. So in der Art?

Dana: Ja, ich denke schon.

Ekrem: Hier auf dem USB-Stick sind hunderte Bilder von deiner Schwester. Das dauert ewig, bis wir deine Bilder rausgesucht haben.

Josh: Dana, deine Schwester muss wirklich mal Ordnung in das Chaos auf ihrem USB-Stick bringen. Frag doch deine Mutter, ob sie dir einen eigenen USB-Stick kauft. Dann speicherst du die Bilder von Minky und den Steckbrief dort ab.

Ekrem: Am besten legst du dir dazu einen Ordner mit Unterordnern an. Ich zeige dir, wie das geht.

2. Beschreibe Danas Problem sowie Joshs und Ekrems Lösungsvorschläge.

Danas Problem: ____________________

____

Joshs Lösungsvorschlag: ____________________

____

Ekrems Lösungsvorschlag: ____________________

____

3. Welche Ordnerstruktur schlägt Ekrem Dana für ihren neuen USB-Stick vor? Verbinde jedes Element der Ordnerstruktur (links) mit dem jeweils passenden Begriff (rechts).

Ordner	Biologie
	Steckbrief Minky Text
Unterordner	Steckbrief Minky Foto
Datei/Dokument	Haustiere

4. Lies den Informationstext M 2.

M 2 Ordnerstrukturen anlegen

Ordnerstrukturen entstehen, wenn man Dokumente in Ordnern und Unterordnern so abspeichert, dass man sie auch nach einiger Zeit problemlos wiederfindet. Man überlegt sich also vor dem Abspeichern eines Dokuments, an welchem Speicherort man es ablegen möchte, und legt dafür gegebenenfalls einen Ordner bzw. Unterordner mit einem passenden Namen an. Unter einem *Pfad* versteht man den Weg, den man Schritt für Schritt durchklicken muss, um bis zu Speicherort und damit zum gesuchten Dokument zu gelangen.

5. Ergänze die Pfade. Achte darauf, dass die Namen der Ordner sinnvoll und eindeutig sind.

A Ekrem speichert seinen Steckbrief auf seinem USB-Stick ab.

USB-Stick → ________ → Haustiere → Steckbrief Aquarium

B Josh speichert seinen Steckbrief auf der Festplatte des PC im Laufwerk C ab.

________ → Biologie → ________ → Steckbrief Hund

C Ekrem möchte die Steckbriefe von Dana und Josh in einem extra Unterordner auf seinem USB-Stick abspeichern.

USB-Stick → ________ → Haustiere → Steckbrief Aquarium

USB-Stick → ________ → ________ → ________

USB-Stick → ________ → ________ → ________

M 3 Einen Ordner anlegen

Wenn man eine Ordnerstruktur notiert hat, muss man die neuen Ordner anlegen und benennen. Das geht bei den meisten Computern, die mit dem Microsoft-Betriebssystem Windows arbeiten, so:

1. Öffne per Doppelklick das Symbol „Computer". Es werden mögliche Speicherorte angezeigt.
2. Wähle den Speicherort aus, an dem du einen Ordner anlegen möchtest, zum Beispiel unter „Dokumente".
3. Wenn du jetzt den Reiter „Start" anklickst, öffnet sich eine Symbolleiste. Dort klickst du das Symbol „Neuer Ordner" an.
4. In der Ordnerübersicht deines Speicherorts wird dieser Ordner nun angezeigt.
5. Klicke auf das kleine Textfeld, in dem „Neuer Ordner" zu lesen ist und ersetze den Begriff durch einen passenderen, wie zum Beispiel „Biologie Steckbrief".
6. Bestätige deine Eingabe mit der Enter-Taste.

Arbeitest du an einem Computer der Firma Apple, dann heißt das Betriebssystem zum Beispiel Mac-Catalina oder Mac-OS. In diesem Fall gehst du so vor:

1. Öffne durch Anklicken des entsprechenden Symbols im Dock den „Finder".
2. Klicke den gewählten Speicherort an, zum Beispiel: USB-Stick, Dokumente, Schreibtisch.
3. Klicke in der Symbolleiste des Fensters auf das Zahnradsymbol.
4. Klicke in der offenen Registerkarte auf „Neuer Ordner".
5. Beschrifte das Textfeld „Neuer Ordner" mit dem Namen des Ordners und bestätige mit „Enter".

6. Lies den Informationstext M 3 auf Seite 37.

7. Stelle fest, mit welchem Betriebssystem du arbeitest. Kreuze an.

☐ Ich arbeite mit dem Betriebssystem Windows"

☐ Ich arbeite mit einem Apple-Betriebssystem (zum Beispiel Mac-Catalina oder Mac-OS).

8. Schreibe in Stichworten auf, wie du einen Ordner anlegst.
Falls du mit einem Apple-Computer arbeitest, bleibt das letzte Schreibfeld leer.

1. ______________________________

↓

2. ______________________________

↓

3. ______________________________

↓

4. ______________________________

↓

5. ______________________________

↓

6. ______________________________

Ich denke über mich selbst nach

Checkliste: Kann ich Dokumente und Dateien sinnvoll speichern?

Kreuze an.

1. Ich kann unterschiedliche Speichermedien verwenden.	☐ Ja	☐ Nein
2. Ich kann einen neuen Ordner anlegen.	☐ Ja	☐ Nein
3. Ich kann passende Namen für Ordner und Unterordner finden.	☐ Ja	☐ Nein
4. Ich kann Dokumente in den passenden Ordnern abspeichern.	☐ Ja	☐ Nein

9. Was tun, wenn der Computer zum Problem wird? – Beispiel: Datenschutz

Ich suche nach Lösungen, um persönliche Daten zu schützen

1. Lies den Text M 1.

M 1 Dana, Ekrem und Josh denken über Datenschutz nach

Auf dem USB-Stick, den Dana sich von ihrer Schwester ausgeliehen hat, sind nicht nur Danas Steckbrief und Fotos ihrer Katze Minky abgespeichert.

Josh: Ein Ordner „Myheart“? Da schaue ich mal rein. Was haben wir denn da? Jede Menge Fotos von Danas Schwester und ihrem Freund. Der ist doch in der 10. Klasse, oder?

Dana: Zeig mal. Ich wusste gar nicht, dass sie mit dem geht. Der Typ ist ja ein echter Widerling, den kann ich gar nicht leiden. Klick mal auf die Fotodatei!

Ekrem: Geht’s noch? Lass das sein! Das geht uns nichts an. Du willst ja auch nicht, dass irgendjemand in deinen Fotoalben rumstöbert.

Dana: Stimmt schon, aber hoffentlich bringt sie den Typ nicht mal mit nach Hause.

Josh: Es ist ja wohl die Privatsache deiner Schwester, mit wem sie geht.

Ekrem: Und die Fotos sind auch Privatsache ... oder?

Dana: Aber das hier ist interessant, ein Ordner „Schule“. Den schauen wir uns an.

Josh: Öffne doch mal den Unterordner „Biologie“. Und jetzt Doppelklick auf „Klasse 5“ ... Ich fasse es nicht. Die haben vor fünf Jahren auch Steckbriefe von Haustieren erstellt.

Ekrem: Hätten wir das mal eher gewusst. Dann hätten wir uns viel Arbeit sparen können!

Dana: Wie meinst du das?

Ekrem: Na, wir hätten diese Steckbriefe für unsere Präsentation nutzen können.

Dana: Aber das ist doch Diebstahl, oder? Ich meine, die Steckbriefe gehören uns ja nicht ...

Ich denke über mich selbst nach

Checkliste: Wie würde ich mich fühlen?

Kreuze jeweils auf der Linie an.

1. Jemand schaut, ohne dass ich davon weiß, sehr persönliche Fotos von mir an. Ich fühle mich ...

gut ——— *unwohl* ——— *schlecht*

2. Jemand liest, ohne dass ich davon weiß, meine Briefe an meine Freundin/meinen Freund. Ich fühle mich ...

gut ——— *unwohl* ——— *schlecht*

3. Jemand kopiert, ohne dass ich davon weiß, meine Hausaufgaben. Ich fühle mich ...

gut ——— *unwohl* ——— *schlecht*

4. Jemand gibt meine Arbeit, ohne dass ich davon weiß, für seine aus. Ich fühle mich ...

gut ——— *unwohl* ——— *schlecht*

2. Im Text M 1 sind zwei Textstellen unterstrichen. Beantworte diese beiden Fragen und begründe deine Meinung.

Ich bin der Meinung, dass die Fotos ______________________________

____

____

____

____

Ich bin der Meinung, dass die Verwendung fremder Steckbriefe ______________________________

____

____

____

____

3. Danas Schwester hat ihren USB-Stick mit Danas Steckbrief von Minky im Computerraum der Schule vergessen. Ein Schüler aus Danas Klasse hat ihn gefunden, den Steckbrief kopiert und ein anderes Katzenbild eingefügt. Gegenüber Frau Staudermann behauptet dieser Schüler, dass der Steckbrief seine Arbeit sei. Frau Staudermann hat aber ein gutes Gedächtnis und erkennt den Betrug. Schreibe auf, was sie sagen könnte.

Frau Staudermann sagt zu dem Schüler:

____

____

____

____

____

Frau Staudermann sagt zu Dana:

____

____

____

____

____

Frau Staudermann sagt zu Danas älterer Schwester:

____

____

____

____

____

Teste dich!

Wer beim Thema „Computer“ mitreden und verstehen will, was andere sagen, der muss wichtige Fachbegriffe beherrschen. Bist du fit? Fülle das Kreuzworträtsel aus.
Tipp: Du findest die Begriffe auch im Wortspeicher.

1 Computer, mit dem man mobil ist
2 Abkürzung für Personal Computer
3 Das machen vor allem Kinder und Jugendliche gerne mit einem Computer
4 Anderes Wort für Smartphone
5 Mit ihr gibt man dem Computer Befehle
6 Wer wenig ausdruckt, schützt die …
7 Mit ihr tippt man eine Lücke zwischen zwei Wörtern
8 Er zeigt die Bewegungen der Maus auf dem Bildschirm
9 Man braucht es zur Sicherung von Daten
10 Zum Abspeichern benutze ich ein …
11 Dokumente sortiere ich in einen …

Maus ▪ Mauszeiger ▪ Speichermedium ▪ Leertaste ▪ Passwort ▪ Umwelt ▪ Tablet ▪ Ordner ▪ spielen ▪ PC ▪ Handy

Baustein 3: Ich informiere mich mithilfe des Computers

1. Wie funktioniert das Internet?

Ich erkläre wichtige Elemente

1. Betrachte die Abbildung in M 1 genau.

M 1 Dana, Ekrem und Josh surfen im Internet

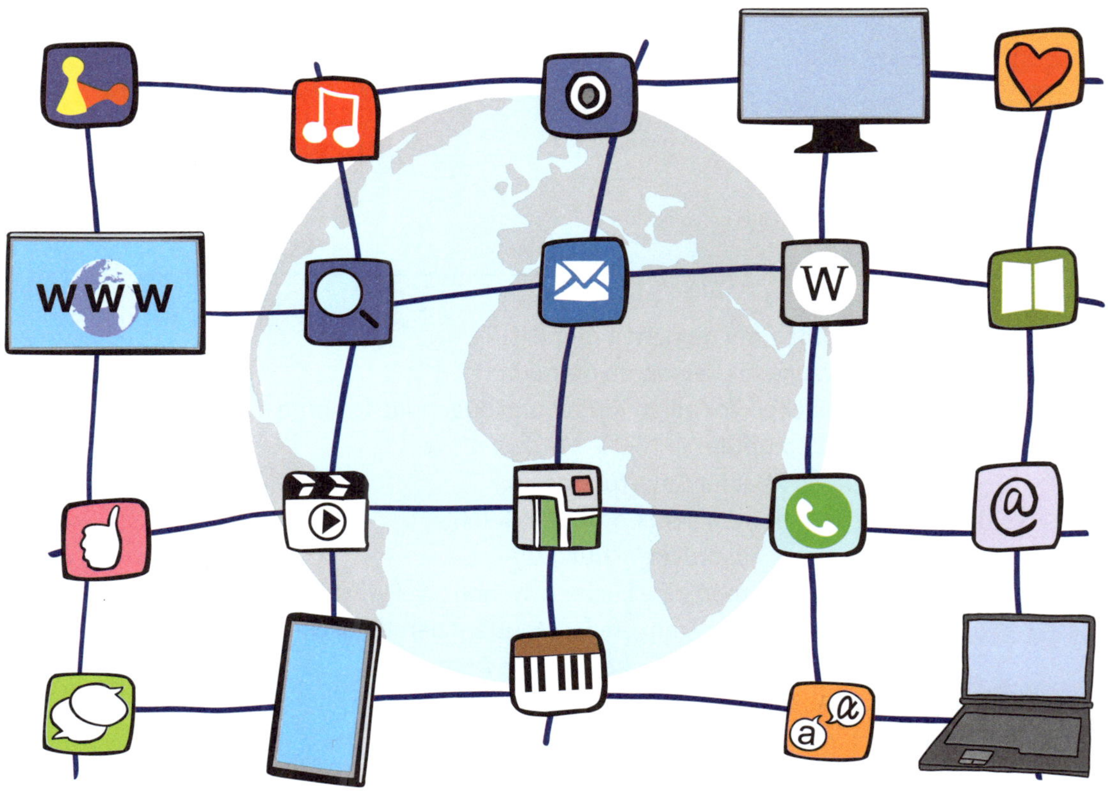

2. Erkläre mithilfe der Abbildung in M 1, warum man das Internet auch als „Netz" bezeichnet.

Das Internet bezeichnet man auch als „Netz", weil …

3. Bilde ähnliche Sätze. Ergänze dazu die wörtliche Rede. Der Wortspeicher hilft dir.

A Ich kann sagen: „Ich recherchiere im Internet."

Ich kann aber auch sagen: „Ich recherchiere im ______________________________."

B Ich kann sagen: „Ich surfe im Internet."

Ich kann aber auch sagen: „Ich surfe im ______________________________."

C Ich kann sagen: „Ich kopiere ein Foto aus dem ______________________________."

Ich kann aber auch sagen: „Ich kopiere ein Foto aus dem ______________________________."

Netz ■ WWW ■ World Wide Web

4. Lies den Informationstext M 2. Achte dabei besonders auf die kursiv gedruckten Begriffe.

M 2 Das Internet

Was ist das Internet?
Das Internet besteht aus vielen Millionen Personal Computern, Smartphones, Tablets und Notebooks in allen Ländern der Welt. Alle diese Geräte können miteinander verbunden werden und so entsteht ein weltweites Netz, auf Englisch *World Wide Web*. Mit den Anfangsbuchstaben dieser drei Wörter, nämlich *www* beginnen die meisten Adressen im Internet.

Was kann das Internet?
Über das Internet kannst du durch das Versenden von E-Mails weltweit andere Menschen kontaktieren. Das ist wie Briefeschreiben, nur geht der Versand eben viel schneller. Auch im Internet brauchst du eine gültige Adresse, eine E-Mail-Adresse.
Außerdem kannst du im Internet nach Informationen über fast alles recherchieren. Aber auch dafür brauchst du Adressen, die du eingibst oder anklickst, um bestimmte Informationen abzurufen. Diese Adressen werden dir von sogenannten Suchmaschinen geliefert.

Wie funktioniert das Internet?
Das Internet besteht, wie gesagt, aus einem weltweiten Netz von Computern. Diese sind durch Kabel miteinander verbunden. Hinzu kommen sogenannte *Server*. Server sind riesige Computer, die immer angeschaltet sind. Sie leiten unsere E-Mails und Suchanfragen weiter und speichern Informationen, auf die wir von unserem Computer aus zugreifen können. Der *Provider* oder Anbieter erlaubt dir, seine Server und Leitungen zu nutzen, um im Internet mit anderen zu kommunizieren oder zu recherchieren. Für diese Leistung erhält er im Gegenzug eine Bezahlung.
Sobald deine Eltern einen Vertrag mit einem Provider, das ist in der Regel euer Telefonanbieter, abgeschlossen haben, erhalten sie eine Paketsendung. Darin befindet sich der *Router*. Er verbindet alle Computer in eurem Haushalt mit dem Internet, denn er kennt die Route oder den Weg zu dem Server, den ihr mit eurem Vertrag nutzen dürft. Ein spezielles Programm auf deinem Computer, der *Browser* verbindet dich dann durch einen Mausklick mit dem Internet. Die bekanntesten Browser sind *Microsoft Edge*, *Safari*, *Google Chrome* und *Mozilla Firefox*. Für Kinder gibt es spezielle Browser, zum Beispiel *Meine-Startseite*. Sie sind so eingerichtet, dass keine Inhalte angezeigt werden, die Kinder gefährden würden. Dazu zählen zum Beispiel Gewaltdarstellungen.

5. Ordne den Begriffen aus der linken Spalte immer zwei passende Beschreibungen aus der rechten Spalte zu. Ziehe dazu Linien.

www	Teil des Internets
	World Wide Web
	Netzteil
Router	steht zu Hause
	verbindet mit dem Server
	besonders großer Computer
Server	leitet E-Mails weiter
	Netzwerk
	schließt einen Vertrag ab
Provider	verkauft Servernutzung
	verkauft Browser
	Programm zum Surfen
	finde ich auf dem Computer
Browser	finde ich auf dem Router

6. Formuliere zu den folgenden Begriffen aus Aufgabe 5 jeweils eine kurze Definition.

www: *Dies ist eine Abkürzung für* ______________________

____

Router: ______________________

____

Server: ______________________

____

Provider: ______________________

____

Browser: ______________________

____

7. Zeichne eine Skizze des Internets und beschrifte die einzelnen Elemente mit folgenden Begriffen: Computer, Router, Server.

Ich denke über mich selbst nach

Checkliste: Was weiß ich über das Internet?

Kreuze an.

Ich weiß, was die folgenden Fachbegriffe bedeuten:

• Internet, Netz	☐ Ja	☐ Nein
• Router	☐ Ja	☐ Nein
• Server	☐ Ja	☐ Nein
• Provider	☐ Ja	☐ Nein
• Browser	☐ Ja	☐ Nein
Ich kann das Internet zeichnerisch darstellen.	☐ Ja	☐ Nein

2. Wie recherchiere ich im Internet?

Ich nutze Suchmaschinen

1. Lies den Text M 1.

M 1 Josh sucht Informationen im Internet

Josh schreibt seinen Steckbrief über den Hund, weil er sich einen wünscht. Nun will er sich im Internet über Hunderassen informieren. Doch das ist gar nicht so leicht. Als er in der Suchmaschine Google in das Suchfeld den Begriff *Hunderassen* eintippt und zum Anzeigen der Suchergebnisse auf die Lupe klickt, werden ihm fast vier Millionen Ergebnisse in Form von Links angezeigt. Wenn man einen Link anklickt, gelangt man auf die Internetseite, auf der die jeweiligen Informationen angeboten werden. „Womit soll ich bloß beginnen?“, fragt sich Josh. Er klickt wahllos auf verschiedene Ergebnisse und fängt an zu lesen. Schnell merkt er, dass er viele Texte gar nicht versteht. „Die sind wohl für Erwachsene geschrieben und nicht für Kinder oder Jugendliche“, denkt er.

2. Notiere, welche Probleme Josh bei seiner Internetrecherche hat.

____

____

____

M 2 Joshs Suchergebnisse

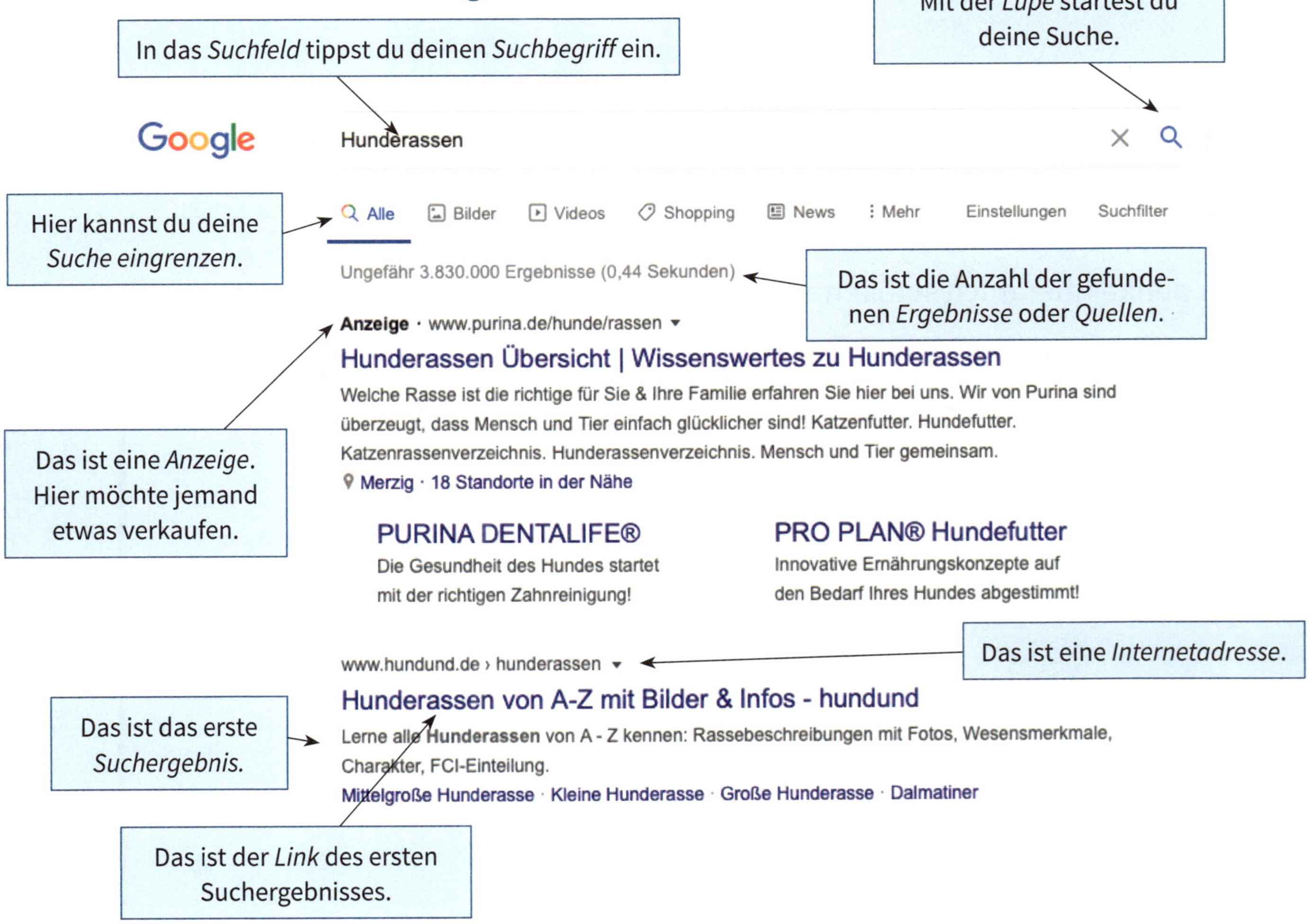

3. Wie müsste die Suchmaschine Google umgestaltet werden, dass auch Kinder sie benutzen können?
Untersuche die Ansicht der Suchmaschine Google in M 2 und kreuze in der folgenden Tabelle an, was du beibehalten und was du verbessern würdest.

Die Kindersuchmaschine …	☺	😐	☹
braucht ein Suchfeld, in das ich meinen Suchbegriff eintippen kann.			
braucht eine Lupe, mit der ich die Suche starte und mir Ergebnisse anzeigen lassen kann.			
kann eine Bildersuche zu meinem Suchbegriff durchführen.			
kann eine Videosuche zu meinem Suchbegriff durchführen.			
kann eine Nachrichtensuche (News) zu meinem Suchbegriff durchführen.			
kann eine Textsuche zu meinem Suchbegriff durchführen.			
soll auch Werbung beinhalten.			
braucht große Symbole und Oberbegriffe, die ich leicht anklicken kann.			
soll Ergebnisse aus allen Ländern und in allen Sprachen anzeigen.			
soll nur Texte anzeigen, die für Kinder geschrieben sind.			
soll durch Sternchen (* / ** / ***) anzeigen, ob ein Text leicht oder schwer zu verstehen ist.			
ist übersichtlich gestaltet.			
verwendet eine große Schrift.			
ist bunt ausgestaltet.			
soll höchstens zwanzig Ergebnisse anzeigen.			
soll nur Ergebnisse von Internetseiten anzeigen, deren Inhalt für Kinder geeignet ist.			
soll die wichtigen Ergebnisse zuerst anzeigen.			

Hier kannst du weitere Ideen notieren:

____

____

____

____

____

4. Stell dir vor, Josh würde in die Kindersuchmaschine (siehe Tabelle auf Seite 47) den Begriff „Hunderassen“ eingeben. Wie sähe die Seite mit den Ergebnissen aus? Zeichne eine einfache Skizze, in der du mindestens drei Verbesserungstipps aus der Aufgabe 3 umsetzt.

Ich denke über mich selbst nach

Checkliste: Welche Erfahrungen habe ich schon mit Internetsuchmaschinen gemacht?

Kreuze jeweils auf der Linie bzw. die Kästchen an.

1. Es ist schwierig, passende Suchbegriffe zu finden.

Ja *teilweise* *Nein*

2. Es ist schwierig, aus der Menge der Suchergebnisse das Passende herauszufiltern.

Ja *teilweise* *Nein*

3. Ich habe Schwierigkeiten, die Texte im Internet zu verstehen.

Ja *teilweise* *Nein*

4. Ich kenne Kindersuchmaschinen. ☐ Ja ☐ Nein

5. Ich benutze Kindersuchmaschinen. ☐ Ja ☐ Nein

3. Wie kann ich schwierige Texte besser verstehen?

Ich wende eine Lesemethode an

1. Josh ist im Internet auf den Text M 1 gestoßen. Beim ersten Durchlesen versteht er ihn aber noch nicht ganz. Lies den Text.

M 1 Josh findet im Internet einen interessanten Text

____

Jeder, der sich einen Hund anschaffen will, muss sich zuerst einige Fragen stellen und Antworten darauf finden. Bist du ein sportlicher und aktiver Typ, der gerne an der frischen Luft ist? Dann passt ein Hund zu dir, der am liebsten draußen herumtobt und einen großen Bewegungsdrang hat. Bist du dagegen eher der gemütliche Typ, der mit seinem Hund kuscheln will, dann brauchst du eine andere Art von Hund. Wichtig ist: Deine Bedürfnisse sollten zu den Bedürfnissen deines Hundes passen! Nur dann wirst du über lange Zeit gerne mit deinem Hund zusammenleben und dich mit Freude um ihn kümmern.

____

Sobald du weißt, welche Bedürfnisse ein Hund haben soll, der zu dir passt, musst du die passende Rasse finden. Bei der Suche helfen dir Hundebücher. Aber auch im Internet findest du unter dem Suchbegriff „Hunderassen“ viele Informationen. Um eine genauere Vorstellung davon zu bekommen, wie ein bestimmter Hund tatsächlich ist, genügen Bilder und kurze Texte aus dem Internet aber selbstverständlich nicht. Bevor du dich für eine Hunderasse entscheidest, musst du dir den Hund daher unbedingt in der Wirklichkeit anschauen. Dazu kannst du dich an Hundeschulen oder auch an Hundevereine wenden. Dort findest du erfahrene Hundehalter, die dir Tipps geben können, und kannst mit etwas Glück auch dem Hund begegnen, der zu dir passt.

____

Wenn du herausgefunden hast, welche Hunderasse zu dir passt, kannst du dich auf die Suche nach einem guten Züchter machen und dort einen Hund kaufen. Es gibt aber noch eine andere Möglichkeit, deinen Hund zu finden: In Tierheimen gibt es zahlreiche Hunde, die ein neues Zuhause suchen. Wenn du zuerst dort nach einem Hund suchst, tust du gleich doppelt etwas Gutes. Du hilfst dem Hund, dem du ein neues Zuhause gibst. Und schließlich wird durch deine Entscheidung für einen Hund aus dem Tierheim dort wieder ein Platz für ein weiteres Tier frei, das vielleicht herrenlos und verwahrlost ist.

2. Wovon handelt der Text M 1? Kreuze das Thema des Textes an.

- ☐ Der Text handelt von Rassehunden und ihren Züchtern.
- ☐ Der Text handelt davon, wie man einen passenden Hund findet.
- ☐ Der Text handelt davon, dass man einen Hund aus dem Tierheim nehmen sollte.

3. Finde eine Überschrift, die zum Text M 1 passt.

Meine Überschrift lautet:

____

4. Was interessiert dich an dem Thema des Textes? Notiere mindestens zwei Fragen, auf die du gern eine Antwort hättest.

____

____

____

____

____

5. Gibt der Text dir Antworten auf deine Fragen? Lies den Text ein zweites Mal und markiere Textstellen, die deine Fragen beantworten.

6. Formuliere Antworten auf deine Fragen aus Aufgabe 4 mit eigenen Worten. Nutze dafür die markierten Textstellen.

____

____

____

____

____

____

____

____

7. Lies den Text M 1 erneut. Überlege nach jedem Abschnitt, welche der folgenden Zwischenüberschriften dazu passen könnte. Schreibe sie auf die Linien im Text.

- Über die eigenen Bedürfnisse nachdenken
- Wo bekommt man einen Hund her?
- Sich über bestimmte Hunderassen informieren

8. Welche Informationen passen besonders gut zu den Zwischenüberschriften? Markiere diese Informationen im jeweiligen Abschnitt und notiere sie.

1. Textabschnitt: ____

____

____

2. Textabschnitt: ____

____

____

3. Textabschnitt: ____

____

____

9. Hast du im Text etwas nicht verstanden? Dann gehe so vor:
- **Markiere die entsprechende Stelle im Text.**
- **Schreibe die Textstelle heraus.**
- **Kläre ihre Bedeutung, indem du ein Lexikon zurate ziehst oder jemanden fragst.**

Textstelle	Bedeutung

10. Lies den Informationstext M 2. Wie musst du bei der Anwendung der Detektivmethode vorgehen? Markiere wichtige Textstellen.

M 2 Die Detektivmethode

Stell dir vor, du wärst beim Lesen eines schwierigen Textes ein Detektiv. So wie ein Detektiv seinen Fall verstehen und lösen muss, ist es nun deine Aufgabe, den Text zu verstehen und Verständnisprobleme zu lösen. Ein Detektiv löst seinen Fall, indem er wichtige Spuren erkennt und versteht. Ein Textdetektiv sucht im Text wichtige Informationen und klärt ihre Bedeutung.

1. Schritt: Der Textdetektiv verschafft sich einen Überblick und klärt das Thema.
Lies die Überschrift des Textes und die Zwischenüberschriften. Unterstreiche in der Überschrift das wichtigste Wort. Falls zu dem Text ein Bild gehört, betrachte es aufmerksam und lies die Bildunterschrift. Ergänze den folgenden Satz: *„Der Text handelt von ...“*
Jetzt kennst du das Thema des Textes!

2. Schritt: Der Textdetektiv macht sich den Text interessant.
Überlege, was du bereits über das Thema des Textes weißt und was du noch darüber erfahren willst. Notiere Fragen, auf die du gerne eine Antwort hättest.
Jetzt ist deine Neugier geweckt!

3. Schritt: Der Textdetektiv schaut genau hin.
Lies den Text Abschnitt für Abschnitt und ergänze für jeden Abschnitt den folgenden Satz: *„Der Abschnitt handelt von ...“*
Jetzt kennst du die Themen der einzelnen Abschnitte!

4. Schritt: Der Textdetektiv sammelt wichtige Informationen.
Lies den Text erneut und markiere in jedem Abschnitt wichtige Informationen zum Thema des Abschnitts.
Jetzt kennst du alle wichtigen Informationen!

5. Schritt: Der Textdetektiv ist dem Unbekannten auf der Spur.
Markiere Textstellen, die du nicht verstanden hast. Schwierige Begriffe kannst du im Lexikon nachschlagen. Du kannst aber auch andere fragen, ob sie dir helfen, die markierten Textstellen besser zu verstehen.
Jetzt ist der Fall vollständig klar!

11. Wie erschließt du dir einen Text mithilfe der Detektivmethode? Ergänze die Stichpunkte.

1. Sich einen Überblick verschaffen und das Thema klären

– *Überschriften, Zwischenüberschriften lesen*

–

–

–

2. Sich den Text interessant machen

–

–

3. Genau hinschauen

–

–

4. Wichtige Informationen sammeln

–

–

5. Unbekanntes klären

–

–

Ich denke über mich selbst nach

Checkliste: Wie gut komme ich mit schwierigen Texten zurecht?

Überlege, welche Aussage auf dich zutrifft. Kreuze an und werte die Checkliste aus.

	Trifft auf mich zu ☺	Trifft nicht auf mich zu ☹
1. Wenn ich einen Text verstehen will, verschaffe ich mir zuerst einen Überblick und kläre das Thema.		
2. Bevor ich einen Text lese, überlege ich, was ich schon über das Thema weiß.		
3. Ich erkenne wichtige Informationen in Texten.		
4. Ich mache mir zu wichtigen Textinformationen Notizen.		
5. Schwierige Begriffe schlage ich nach.		

Fünf ☺: Sehr gut, die Detektivmethode brauchst du nur bei besonders kniffligen Texten.
Vier oder drei ☺: Du bist schon ganz gut, die Detektivmethode wird dich an die Spitze bringen.
Null bis zwei ☺: Du brauchst die Detektivmethode dringend, um Texte besser zu verstehen.

4. Wie erkenne ich Werbung im Internet?

Ich unterscheide Werbung und Sachinformation

1. Josh ist bei seiner Suche nach Informationen im Internet zu den in M 1 dargestellten Suchergebnissen gekommen. Doch nicht alle erscheinen ihm brauchbar. Daher möchte er sie sortieren. Untersuche die Bildschirmansicht in M 1 und kreuze farbig an:
- **Sachinformationen grün**
- **Unterhaltungsangebote blau**
- **Werbung rot**

M 1 Josh sortiert seine Suchergebnisse

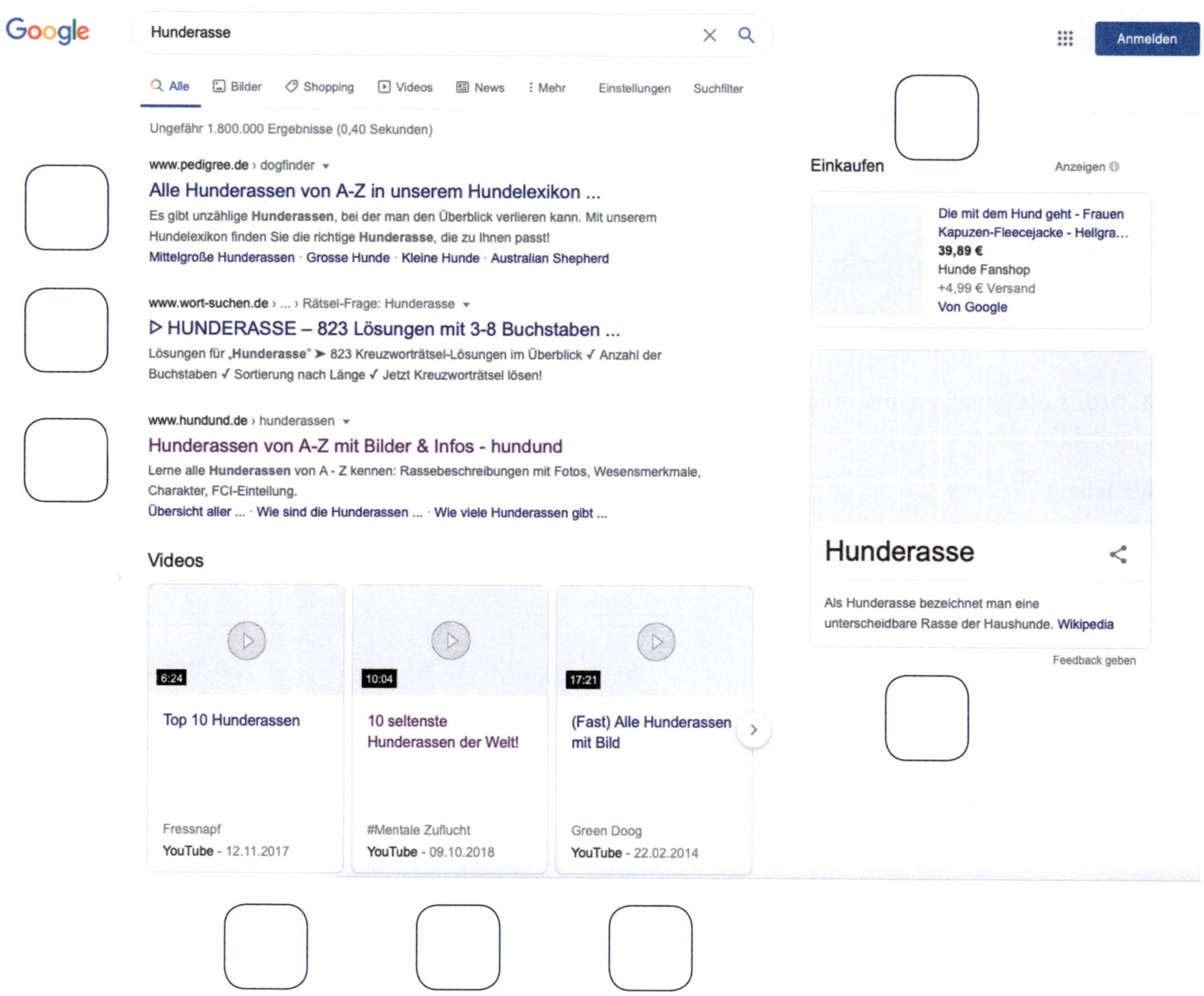

2. Erkläre an zwei Suchergebnissen aus M 1, warum es sich hierbei wahrscheinlich um Werbung handelt. Nenne dazu das Produkt, das verkauft werden soll.

Werbung für: ______________________________

Erklärung: ______________________________

____

Werbung für: ______________________________

Erklärung: ______________________________

____

3. Es gibt Suchergebnisse, die Information, Unterhaltung und Werbung vermischen. Markiere in M 1 solche Suchergebnisse mit einem zusätzlichen Kreuz in der entsprechenden Farbe. Erläutere deine Entscheidung an einem Beispiel.

Internetadresse: ______________________________

☐ Information ☐ Werbung ☐ Unterhaltung

Erläuterung: ______________________________

____

4. Ordne die jeweilige Absicht **der passenden** Funktion **und dem passenden** Suchergebnis **zu. Ziehe dazu Linien.**

Absicht	**Funktion**	**Suchergebnis**
Ich suche Tipps für die Hundeerziehung.	Unterhaltung	Rätselseite
Ich suche Produkte rund um den Hund.	Werbung	Sachtext
Ich möchte meine Langeweile vertreiben.	Information	Anzeige eines Hundefachgeschäfts

Ich denke über mich selbst nach

Checkliste: Kann ich Internetsuchergebnisse richtig einordnen?

Kreuze an.

1. Ich kann Anzeigen und Werbung im Internet erkennen. ☐ Ja ☐ Nein
2. Ich kann Informationsseiten im Internet erkennen. ☐ Ja ☐ Nein
3. Ich kann Internetseiten zur Unterhaltung und zum Spielen erkennen. ☐ Ja ☐ Nein

5. Was tun, wenn der Computer zum Problem wird? – Beispiel: Sicherheit im Internet

Ich untersuche verschiedene Fälle

1. Lest den Text M 1 mit verteilten Rollen. Unterstreiche alle Begriffe, die Möglichkeiten nennen, Kinder und Jugendliche vor schädlichen Inhalten im Internet zu schützen.

M 1 Ekrems Zugang zum Internet ist eingeschränkt

Josh: Was ist denn mit dir los? Hast du schlecht geschlafen, Ekrem?

Ekrem: Ganz im Gegenteil. Ich bin relativ früh ins Bett gegangen und habe davor nur eine halbe Stunde am Computer gespielt.

Dana: Und deshalb bist du so mies gelaunt? Nachdem du in den letzten Wochen darauf verzichten musstest, dachte ich, du freust dich, wenn dein Vater dir wieder erlaubt, am Computer zu spielen.

Ekrem: Das ist ja auch so, aber ich komme an die meisten Spiele gar nicht mehr ran – also bis auf zwei Internetseiten, die ich noch aufrufen kann.

Josh: Ach so, das kenne ich. Dahinter steckt eine Kindersicherung. Die haben meine Eltern so eingestellt, dass alle Seiten mit üblen Inhalten blockiert werden. Sie haben also eine sogenannte Negativliste mit Suchbegriffen wie „Gewalt“ und anderen festgelegt. Und jetzt werden Suchergebnisse zu diesen Begriffen quasi rausgefiltert.

Dana: Was heißt das denn?

Josh: Ganz einfach: Der Filter sorgt dafür, dass bestimmte Internetseiten nicht angezeigt werden. Du kannst also nur noch zwei Spieleseiten öffnen?

Ekrem: Ja, sonst nichts. Mein Vater hat gesagt, dass er sich zuerst die Seiten angesehen hätte, auf denen ich in den vergangenen Wochen gespielt hätte.

Josh: Und das kann dein Vater?

Ekrem: Ja, er kann den Verlauf, so heißt das wohl, also alle Seiten, auf denen ich war, einsehen. So hat er herausgefunden, wann ich gespielt habe, auf welchen Seiten und vor allem wie lange ich gespielt habe.

Dana: Was ja der Grund dafür war, dass du Computerverbot hattest.

Ekrem: Genau. Aber ich dachte, ich könnte danach genauso weiterspielen. Mein Vater hat mir nun jedoch erklärt, dass er alle Spieleseiten, die er für jugendgefährdend hält, gesperrt hat.

Josh: Dann hatte dein Vater aber viel zu tun!

Ekrem: Eigentlich nicht. Er hat einfach eine sogenannte Positivliste erstellt. Darauf stehen genau zwei Seiten, die ich besuchen darf – voll langweilige Kinderseiten übrigens. Der Rest ist gesperrt.

Dana: Dann rede doch mit deinem Vater und frage ihn, ob ihr nicht gemeinsam noch eine weitere Spieleseite für die Positivliste aussuchen könnt. Ich meine eine mit Spielen, die du spannend findest.

2. Notiere in der linken Spalte der Tabelle die von dir im Text M 1 unterstrichenen Begriffe. Formuliere in der rechten Spalte mit eigenen Worten Erklärungen zu den Begriffen.

Begriff	Meine Erklärung
Kindersicherung	
	Suchergebnisse, in denen bestimmte Begriffe auftauchen, wie zum Beispiel „Gewalt", werden nicht angezeigt.
Positivliste	

3. Was sollen Eltern tun, um ihre Kinder vor den Gefahren des Internets zu schützen? Entscheide in den folgenden Fällen und begründe deinen Vorschlag jeweils.

A Ein Junge zockt im Internet mit Erwachsenen. Seine Eltern erlauben ihm, im Internet zu spielen. Sie finden jedoch, dass er dies mit Gleichaltrigen machen sollte.

Als Elternteil würde ich ____________________

____

weil ____________________

____

B Ein Mädchen schläft seit Tagen schlecht und hat Albträume. Es hat sich im Netz zuvor pornografische Bilder angesehen, die für Kinder und Jugendliche verboten sind.

Als Elternteil würde ich ____________________

____

weil ____________________

____

C Ein Mädchen hat seinen ersten Computer mit Internetanschluss bekommen. Es hat wenig Erfahrung und weiß nichts von den Gefahren im Internet.

Als Elternteil würde ich ______________________________

____

weil ______________________________

____

D Ein Junge verbringt viele Stunden in sozialen Netzwerken. Seit einer Woche chattet er mit einer unbekannten Person. Jetzt möchte diese anonyme Person, dass er ihr Fotos von sich schickt.

Als Elternteil würde ich ______________________________

____

weil ______________________________

____

Ich denke über mich selbst nach

Checkliste: Was denke ich über die Internetnutzung von Kindern und Jugendlichen?

Finde deinen Standpunkt und kreuze an, wie du zu den Aussagen stehst.

1. Ich finde es gut, dass es Möglichkeiten gibt, Kinder und Jugendliche vor schädlichen Einflüssen im Internet zu schützen.

Ja ―――――――――― *teilweise* ―――――――――― *Nein*

2. Was sollen Eltern für mehr Sicherheit ihrer Kinder bei der Mediennutzung tun?
   - Sie sollen das Internet sperren. ☐ Ja ☐ Nein
   - Sie sollen Filter einrichten und kontrollieren. ☐ Ja ☐ Nein
   - Sie sollen regelmäßig den Verlauf kontrollieren. ☐ Ja ☐ Nein

3. Was sollen Kinder und Jugendliche für ihre Sicherheit bei der Internetnutzung tun?
   - Sie sollen ein eigenes Benutzerkonto führen, das ihren Eltern die Kontrolle ermöglicht. ☐ Ja ☐ Nein
   - Sie sollen mit ihren Eltern regelmäßig über ihre Internetnutzung sprechen. ☐ Ja ☐ Nein
   - Sie sollen über anstößige Inhalte mit ihren Eltern sprechen. ☐ Ja ☐ Nein
   - Sie sollen die tägliche Nutzungsdauer begrenzen. (Zum Beispiel wie von Experten empfohlen für Jugendliche bis 14 Jahre höchstens eine Stunde Computerzeit am Tag.) ☐ Ja ☐ Nein

Teste dich!

Wer beim Thema „Computer" mitreden und verstehen will, was andere sagen, der muss wichtige Fachbegriffe beherrschen. Bist du fit? Fülle das Kreuzworträtsel aus.
Tipp: Du findest die Begriffe auch im Wortspeicher.

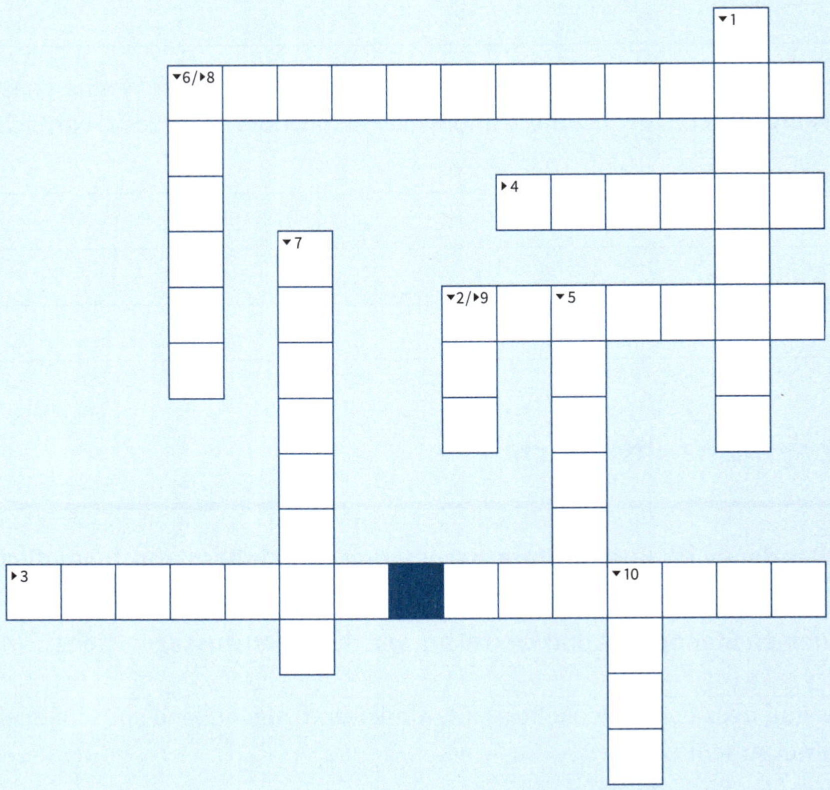

1 Weltweites Netz
2 Beginn von Internetadressen
3 Name eines bekannten Browsers
4 Riesiger Computer im Internet
5 Gerät für den Internetzugang zu Hause
6 Etwas im Internet suchen
7 Dort tippe ich meinen Suchbegriff ein
8 Ich benutze sie für meine Suche im Internet
9 Die ersten Ergebnisse einer Internetsuche sind meistens …
10 Name eines bekannten Browsers

Suchmaschine ▪ Server ▪ Internet ▪ Router ▪ Mozilla Firefox ▪ Suchfeld ▪ surfen ▪ www ▪ Edge ▪ Werbung

Baustein 4: Ich gestalte ein Produkt und präsentiere es mithilfe des Computers

1. Welche digitalen Werkzeuge benötige ich, um einen Text zu gestalten?

Ich lerne ein Schreibprogramm kennen

1. Spielt die Szene in M 1 mit verteilten Rollen zu zweit nach. Einer stellt die Fragen, der andere antwortet. Danach wechselt ihr die Rollen und spielt erneut.

M 1 Dana, Ekrem und Josh lernen ein Schreibprogramm kennen

Als Dana, Ekrem und Josh auf den Computern im Computerraum ihrer Schule zum ersten Mal das Schreibprogramm öffnen, haben sie viele Fragen.

2. Lies M 2.

M 2 Die Arbeit mit dem Word-Programm beginnen

Word ist das Schreibprogramm, mit dem die meisten arbeiten. Mit ihm kann man Texte verfassen und layouten. Layouten bedeutet, Texten eine schöne Gestalt geben. Um mit Word arbeiten zu können, brauchst du die Maus. Mit ihr setzt du den Cursor und gibst dem Computer Befehle. Die Arbeit mit dem Programm muss geübt werden. So beginnst du:

Das Programm öffnen:
Setze den Cursor auf das blaue Word-Symbol. Mache dann einen Doppelklick mit der linken Maustaste.

↓

Ein neues Dokument öffnen:
Setze den Cursor auf „Datei“, klicke dann „Neues Dokument“ bzw. „Neu“ an und wähle mit einem Doppelklick mit der linken Maustaste „Leeres Dokument“.

↓

Im neuen Dokument arbeiten:
Der Cursor steht nun links oben auf einer weißen Fläche.
Die weiße Fläche ist dein Blatt. Jetzt kannst du schreiben.

3. Verfasse einen Spickzettel, auf dem du nachlesen kannst, wie du das Word-Programm und ein neues Dokument darin öffnest.

So öffne ich das Word-Programm und ein neues Dokument

1. Schritt: ____

____

2. Schritt: ____

____

3. Schritt: ____

____

4. Lies auf Seite 61 den Informationstext M 3 und ordne jedem Kasten in der linken Spalte je einen passenden Kasten aus der rechten Spalte zu. Ziehe Linien.

Schreibfeld	die wichtigsten Befehle
Menüband	mein Schreibblatt
Symbolleiste	Registerkarten

M 3 Wo finde ich die einzelnen Befehle im Word-Programm?

Wenn du die in M2 beschriebenen Schritte richtig anwendest, dann erscheint auf deinem Monitor eine leere Seite. Auf dieser Seite schreibst du deinen Text. Alle Befehle, die du geben kannst, sind im Menüband zusammengefasst. Das Menüband besteht aus sogenannten Registerkarten und Symbolen für den Schnellzugriff auf wichtige Befehle.

Das ist die *Symbolleiste* für den *Schnellzugriff* auf die wichtigsten Befehle.

Die Begriffe in dieser Zeile des Menübandes nennt man *Reiter*. Jeder Reiter steht für den Inhalt einer *Registerkarte*. Klickst du auf den Reiter, öffnet sich die Registerkarte. Es erscheint entweder eine Liste mit Befehlen oder man sieht die Symbole für die Befehle.

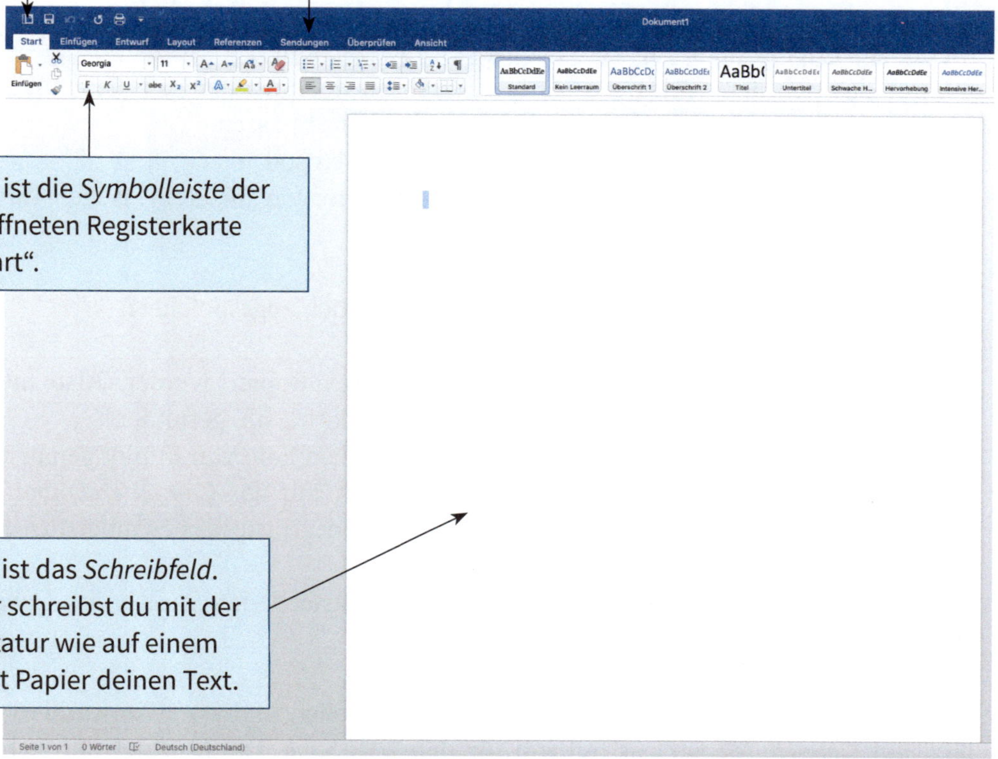

Das ist die *Symbolleiste* der geöffneten Registerkarte „Start“.

Das ist das *Schreibfeld*. Hier schreibst du mit der Tastatur wie auf einem Blatt Papier deinen Text.

5. Skizziere auf einem extra Blatt die in M 3 dargestellte Bildschirmansicht und beschrifte sie mit den kursiv gesetzten Begriffen.

Ich denke über mich selbst nach

Checkliste: Wie gut kenne ich das Word-Programm?

Kreuze an.

1. Ich habe bereits mit dem Word-Programm gearbeitet. ☐ Ja ☐ Nein
2. Ich kann das Word-Programm selbstständig öffnen. ☐ Ja ☐ Nein
3. Ich kenne bereits einige Registerkarten. ☐ Ja ☐ Nein
4. Ich kann einfache Texte eintippen. ☐ Ja ☐ Nein

2. Welche digitalen Werkzeuge benötige ich, um ein Bild einzufügen?

Ich gestalte eine Seite mit Bildern

1. Lest den Text M 1 mit verteilten Rollen. Achtet auf die kursiv gedruckten Begriffe.

M 1 Dana fügt ein Bild in ihren Steckbrief ein

Dana findet, dass die Seite mit dem Steckbrief ihrer Katze Minky noch recht langweilig aussieht. Sie will unbedingt eines der Bilder von Minky einfügen, die sie auf ihrem USB-Stick gespeichert hat.

Dana: Mein Steckbrief besteht nur aus Text. Das ist nicht schön!

Josh: Stimmt, das sieht langweilig aus! Aber du hast uns doch neulich so tolle Fotos von Minky gezeigt. Eines davon würde gut in deinen Steckbrief passen.

Dana: Klar, aber ich habe keine Ahnung, wie ich das machen soll.

Ekrem: Da kann ich dir vielleicht helfen. Ich habe ein Foto von unseren Fischen für meinen Steckbrief dabei.

Dana: Du hast euer Aquarium fotografiert?

Ekrem: Ja. Mein Vater hat mir das Foto hier auf dem USB-Stick abgespeichert.

Josh: Und jetzt?

Ekrem: Na, jetzt muss es nur noch vom USB-Stick in den Text kopiert werden. Also, mein Vater hat es mir aufgeschrieben. Ich muss nur noch das Blatt ... ah, gefunden!

Dana: Dann mal los, wenn das klappt, mache ich das mit dem Foto von Minky genauso.

Ekrem: Also, hier steht: Zuerst fährt man mit dem Cursor auf das *Computersymbol* auf dem Bildschirm. Dann *Doppelklick* und man sieht in einer Liste das Symbol für den USB-Stick. ... Mist! Wo ist denn der USB-Stick?

Dana: Der liegt neben dir, du Genie. Vielleicht wäre es hilfreich, den *Stick in den Computer* zu stecken?

Ekrem: Ups! So, erledigt – und jetzt?

Josh: Gib mal den Zettel her! Ich lese vor, was du tun sollst, und Dana kontrolliert es! Also jetzt ein *Doppelklick* auf das Symbol für den *USB-Stick*. Dann öffnet der sich und du siehst alles, was darauf abgespeichert ist.

Dana: Jetzt müssen wir das Bild suchen. ... Gar nicht so einfach. Hier ist aber ganz schön viel abgespeichert ... Da, „Aquarium“, das ist es.

Josh: *Doppelklick* drauf und das Bild erscheint groß auf dem Monitor. Na also, Ekrem, da ist ja schon dein Aquarium zu sehen. Und es geht weiter, hier steht: *Bilddatei* mit der *linken Maustaste* anklicken. Und jetzt *rechte Maustaste drücken* und auf *Kopieren gehen*. Dann *ein Klick* und das Bild ist kopiert.

Dana: So und jetzt öffne deinen Steckbrief!

Ekrem: Steckbrief geöffnet ...

Josh: *Rechte Maustaste*, dann *Einfügen* und fertig!

Ekrem: Aber das Bild ist ja riesig. Wie mache ich das jetzt kleiner?

Josh: Keine Ahnung! Steht hier nicht ...

2. Wie fügt man ein Bild in ein Dokument ein? Bringe die einzelnen Schritte mithilfe der Informationen aus M 1 in die richtige Reihenfolge und nummeriere sie.

1	Ich stecke den USB-Stick in den PC.
	In der Liste erscheint ein Symbol für den USB-Stick. Ich aktiviere es durch einen Doppelklick.
	Ich steuere den Cursor zum Computersymbol auf dem Bildschirm und aktiviere es durch einen Doppelklick.
	Die Liste mit den abgespeicherten Dateien öffnet sich. Ich aktiviere meine Datei mit einem einfachen Klick mit der linken Maustaste.
	Ich öffne die Datei, in die das Bild kopiert werden soll, und setze den Cursor. Dann drücke ich die rechte Maustaste und gebe den Befehl „Einfügen“.
7	Ich klicke das Bild an. Es erscheint ein Rahmen mit kleinen weißen Quadraten. Ich klicke eines der vier Eckquadrate mit der linken Maustaste an und halte die Taste gedrückt. Durch Bewegen der Maus kann ich das Bild nun größer oder kleiner machen, ohne es dabei zu verzerren.
	Ich drücke die rechte Maustaste und gehe auf den Befehl „Kopieren“.

3. Beantworte Ekrems Frage „Wie mache ich das jetzt kleiner?“.

____

____

____

Ich denke über mich selbst nach

Checkliste: Beherrsche ich die einzelnen Schritte zum Einfügen eines Bildes?

Kreuze an.

1. Ich beherrsche die rechte und die linke Maustaste.	☐ Ja	☐ Nein
2. Ich kann das Symbol für den USB-Stick finden und aktivieren.	☐ Ja	☐ Nein
3. Ich kann eine Datei oder ein Dokument zum Bearbeiten öffnen.	☐ Ja	☐ Nein
4. Ich kann ein Bild kopieren.	☐ Ja	☐ Nein
5. Ich kann ein Bild einfügen.	☐ Ja	☐ Nein

3. Wie kann ich Informationen übersichtlich wiedergeben?

Ich layoute einen Text

1. Lies die Sprechblasen in M 1. Achte dabei auf Ekrems und Joshs Kritik an Danas Steckbrief und notiere sie.

M 1 Danas Steckbrief

Das auf dem Bild ist meine Katze Minky. Als ich sie vor einem Jahr bekommen habe, war sie noch ein kleines Katzenbaby. Jetzt wiegt sie schon drei Kilogramm. Minky ist graubraun getigert und hat grüne Augen. Wenn sie ausgewachsen ist kann sie bis zu 50 cm groß werden.
Minky frisst am liebsten Dosenfutter. Aber das bekommt sie nicht jeden Tag. Was sie immer im Napf hat, ist frisches Wasser und Trockenfutter. Katzen ernähren sich in der freien Natur auch von Insekten, Nagetieren und kleinen Vögeln. Deshalb muss Minky im Frühjahr, wenn die Vögel brüten, im Haus bleiben.
Besonders aktiv ist Minky, wie alle Katzen, in der Dämmerung. Mit ihren sehr guten Augen kann sie auch im Dunkeln sehen.
Minky ist schon geschlechtsreif, denn Katzen werden das mit 12 Monaten. Die Tragzeit bei Katzen beträgt 60 bis 65 Tage und sie bringen dann zwei bis acht Junge zur Welt.
Mit anderen Katzen versteht sich Minky nicht so gut, denn Katzen sind Einzelgänger.

Ekrems Kritik: ______________________________

____

____

Joshs Kritik: ______________________________

____

____

2. Formuliere eine passende Überschrift für Danas Steckbrief und gestalte sie. Lies dazu den ersten Punkt in M 2 und verwende Werkzeuge aus der Symbolleiste aus.

M 2 Die Überschrift und den Text gestalten

1. Du kannst durch Markieren des Textes und anschließendes Anklicken und Auswählen der Werkzeuge …

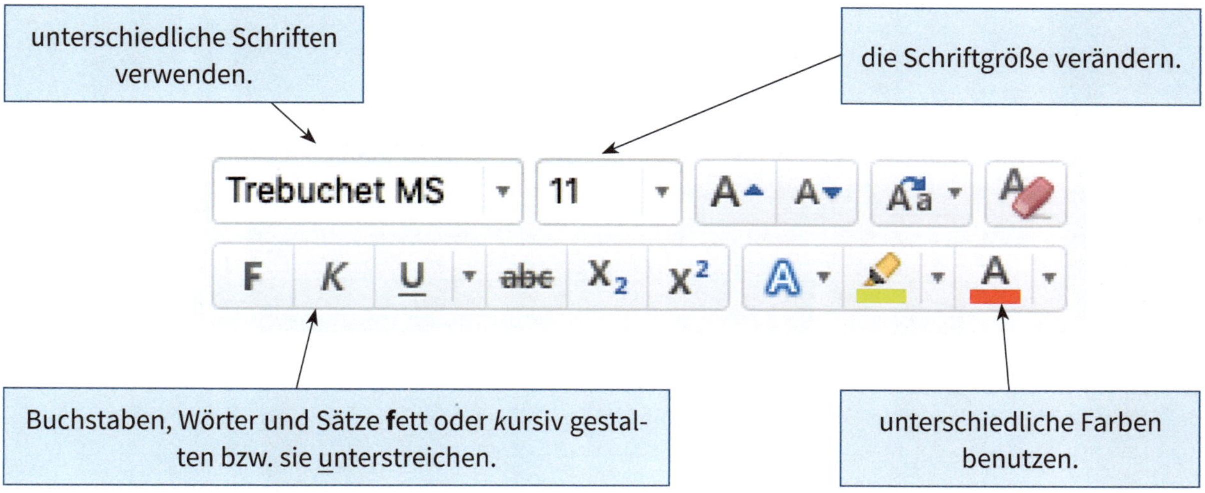

2. Du kannst durch Markieren des Textes und anschließendes Anklicken und Auswählen der Werkzeuge …

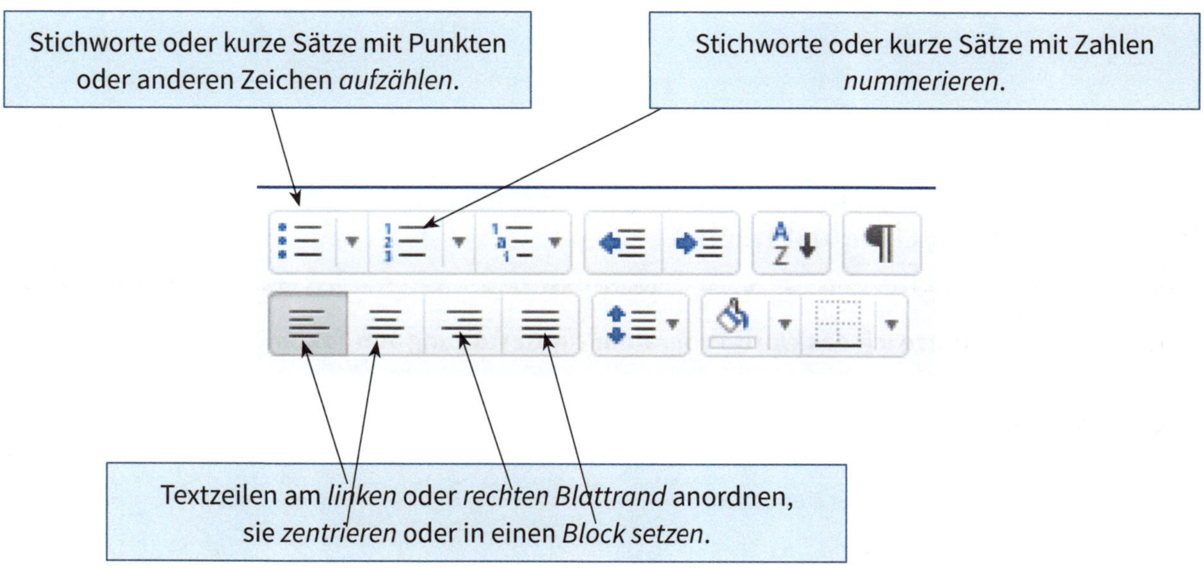

3. Ordne die Informationen aus Danas Steckbrief übersichtlicher an. Lies dazu den zweiten Punkt in M 2 und wähle mindestens ein Werkzeug aus der Symbolleiste aus.

4. Drucke dein Ergebnis aus und klebe es hier ein.

Ich denke über mich selbst nach

Checkliste: Wie nutze ich das Word-Programm zur Gestaltung von Texten?

Kreuze an.

1. Ich kann den Cursor sicher benutzen.	☐ Ja	☐ Nein
2. Ich kann die Symbole mit der Maus aktivieren.	☐ Ja	☐ Nein
3. Ich kann den Bereich, für den ich Befehle aus der Symbolleiste gebe, zuvor mit der linken Maustaste markieren.	☐ Ja	☐ Nein
4. Ich kenne die Symbole für die Gestaltung von Buchstaben, Wörtern und Texten.	☐ Ja	☐ Nein
5. Ich kenne die Symbole für Aufzählungen und Nummerierungen.	☐ Ja	☐ Nein
6. Ich kenne die Symbole für die Ausrichtung von Textzeilen.	☐ Ja	☐ Nein

4. Welches Präsentationsmedium ist geeignet?

Ich vergleiche verschiedene Medien

1. Lies die Sprechblasen in M 1. Entscheide welches Präsentationsmedium für den jeweiligen Zweck geeignet ist.

M 1 Dana, Ekrem und Josh wollen ihren Steckbrief präsentieren

Dana, Ekrem und Josh haben ihre Steckbriefe auf dem Computer fertiggestellt. Über einen Beamer werden sie sie der Klasse vorstellen. Allerdings hat jeder von den dreien noch andere Pläne mit seinem Steckbrief.

2. Beschreibe, welche Anliegen Dana, Ekrem und Josh jeweils haben, und finde Lösungen.

Welches Anliegen hat **Dana**?

____

Wie soll sie dies lösen? Kreuze die beste Möglichkeit an.

- ☐ Steckbrief abschreiben
- ☐ Steckbrief als Plakat anlegen
- ☐ Steckbrief ausdrucken
- ☐ Steckbrief fotografieren

Warum hast du dich so entschieden? Begründe deine Meinung.

____

____

Welches Anliegen hat **Ekrem**?

____

Wie soll er dies lösen? Kreuze die beste Möglichkeit an.

- ☐ Steckbrief abschreiben
- ☐ Steckbrief als Plakat anlegen
- ☐ Steckbrief ausdrucken
- ☐ Steckbrief fotografieren

Warum hast du dich so entschieden? Begründe deine Meinung.

____

____

Welches Anliegen hat **Josh**?

____

Wie soll er dies lösen? Kreuze die beste Möglichkeit an.

- ☐ Steckbrief abschreiben
- ☐ Steckbrief als Plakat anlegen
- ☐ Steckbrief ausdrucken
- ☐ Steckbrief fotografieren

Warum hast du dich so entschieden? Begründe deine Meinung.

____

____

3. Lies den Informationstext M 2.

M 2 Präsentationsmedien und ihre Gestaltung

Ein Präsentationsmedium kann ein Plakat, eine mit dem Computer gestaltete Seite oder ein Hefteintrag sein. Mit allen diesen Medien hältst du wichtige Informationen in Worten fest und veranschaulichst ein Thema durch Bilder oder Zeichnungen.
Natürlich stellen die einzelnen Medien unterschiedliche Anforderungen an dich: Auf einem Plakat musst du viel größer schreiben als im Heft. Am Computer benutzt du die Tastatur, im Heft schreibst du mit dem Füller.
Folgendes gilt jedoch für alle Präsentationsmedien: Du brauchst immer eine Überschrift, die das Thema benennt. Sie muss groß und deutlich geschrieben und zum Beispiel durch Farbe, Unterstreichen oder die Schriftgröße hervorgehoben werden. Außerdem müssen Informationen übersichtlich angeordnet werden. Das erreichst du, indem du deine Texte gliederst, etwa durch Nummerierungen und Aufzählungen. Dabei können auch Oberbegriffe oder Teilüberschriften helfen. Außerdem sind Bilder und Zeichnungen wichtig, denn sie fangen die Aufmerksamkeit deiner Zuhörerinnen und Zuhörer ein und veranschaulichen die Informationen.

4. Ergänze die fehlenden Begriffe im folgenden Bewertungsbogen. Verwende dazu die Informationen aus M 2.

Präsentationsmedien bewerten			
Ich kann …	☺	😐	☹
eine Überschrift zum ______________________ formulieren.			
die ______________________ hervorheben.			
die ______________________ übersichtlich anordnen.			
mit ______________ und ______________ meine Informationen veranschaulichen.			

Ich denke über mich selbst nach

Checkliste: Wie gut kenne ich mich mit Präsentationsmedien aus?

Kreuze an.

1. Ich kenne unterschiedliche Präsentationsmedien. ☐ Ja ☐ Nein
2. Ich kann folgende Präsentationsmedien übersichtlich und ansprechend gestalten:
   - eine Heftseite ☐ Ja ☐ Nein
   - ein Präsentationsplakat ☐ Ja ☐ Nein
   - eine Seite mit dem Word-Programm ☐ Ja ☐ Nein
3. Ich kann ein Präsentationsmedium beurteilen. ☐ Ja ☐ Nein

5. Wie präsentiere ich meine Arbeitsergebnisse?

Ich wende Präsentationstechniken an

1. Lest den Text M 1 mit verteilten Rollen.

M 1 Dana, Ekrem und Josh geht es vor der Präsentation ganz unterschiedlich

Nachdem die Steckbriefe fertiggestellt sind, sollen Dana, Ekrem und Josh ihre Arbeitsergebnisse vor der Klasse präsentieren. Sie nutzen dafür PC und Beamer. Die Biologielehrerin, Frau Staudermann, hat angekündigt, dass sie die Vorträge benoten wird. In der Pause unterhalten sich Dana, Ekrem und Josh darüber.

Ekrem: Was soll das denn? Wir haben doch den Steckbrief. Warum muss man den jetzt auch noch vor der Klasse präsentieren? Das ist doch völlig überflüssig.

Dana: Mir macht das auch Bauchweh. Ich stehe wirklich nicht gern alleine vor der Klasse. Die Benotung des Steckbriefs würde reichen, finde ich.

Josh: Nein, mich interessiert schon, was die anderen so gemacht haben. Außerdem bin ich ziemlich stolz auf mein Ergebnis! Da finde ich es gut, dass wir unsere Steckbriefe vorstellen dürfen.

Ekrem: Du willst nur angeben.

Josh: Ich habe so viel Zeit und Arbeit in meinen Steckbrief gesteckt. Natürlich will ich ihn daher den anderen zeigen. Und ich will eine richtig gute Note!

Dana: Ich habe Angst, mich zu blamieren.

Ekrem: Mein Steckbrief ist super, das weiß ich. Aber mit dem Vortrag ruiniere ich meine Note.

Josh: Dann musst du halt üben. So lange, bis dein Vortrag sitzt.

2. Mit wem kannst du dich in dem Gespräch am ehesten identifizieren? Kreuze an.

Ich fühle mich vor einer Präsentation wie …

- ☐ Ekrem, der Angst vor einer schlechten Vortragsnote hat.
- ☐ Dana, die Lampenfieber hat.
- ☐ Josh, der sich auf seinen Vortrag freut.

Ich denke über mich selbst nach

Checkliste: Wie sicher bin ich, wenn ich präsentieren muss?

Kreuze an, wie du dich einschätzt. Je näher du das Kreuz ins Zentrum der Zielscheibe setzt, desto sicherer bist du, dass die jeweilige Aussage auf dich zutrifft.

1: Ich fühle mich sicher und wohl, wenn ich vor anderen spreche.

2: Ich weiß genau, was ich sagen will.

3: Ich folge bei meinem Vortrag einer klaren Reihenfolge.

4: Meine Zuhörer finden meine Präsentationen gut.

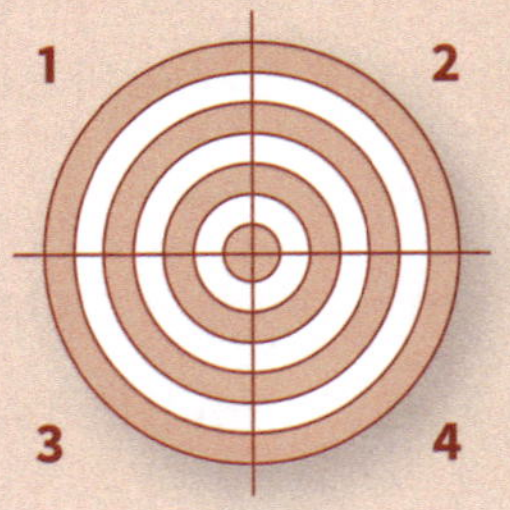

3. Lies den Informationstext M 2.

M 2 Darauf musst du beim Präsentieren achten

Die Grundlage einer gelungenen Präsentation ist immer ein Produkt, also zum Beispiel ein Steckbrief. Ganz wichtig ist die gute Vorbereitung. Nur wenn du etwas Interessantes zu einem Thema zu sagen hast, wird dein Vortrag die Zuhörerinnen und Zuhörer begeistern. Daneben spielt aber auch die Art, wie du etwas sagst, eine große Rolle für den Erfolg deines Vortrags. Während des Vortrags solltest du Ruhe und Sicherheit ausstrahlen. Deshalb solltest du ruhig stehen und nicht herumhampeln. Halte zu deinen Mitschülerinnen und Mitschülern Blickkontakt, während du sprichst. Das gelingt dir jedoch nur, wenn du deinen Vortrag größtenteils im Kopf hast und nicht vom Blatt, Bildschirm oder Plakat abliest. Sprich vor der Klasse frei, laut, deutlich und langsamer als in einem normalen Gespräch.

4. Formuliere Tipps für eine gute Präsentation.

Tipps für eine gute Präsentation

1. Tipp

____

____

____

____

2. Tipp

____

____

____

____

3. Tipp

____

____

____

____

4. Tipp

____

____

____

____

6. Was tun, wenn der Computer zum Problem wird? – Beispiel: Urheberrecht

Ich beachte die Rechte anderer

1. Lies den Text M 1.

M 1 Josh hat Probleme mit Bildrechten

Joshs digitaler Steckbrief zum Thema Hund, den er im Biologieunterricht erstellt hat, ist ihm gut gelungen. Die besten Steckbriefe möchte die Biologielehrerin, Frau Staudermann, ausstellen. Sie sollen im Wechsel mit den aktuellen Mitteilungen der Schulleitung auf dem großen Bildschirm in der Eingangshalle zu sehen sein. Josh ist stolz darauf, dass sein Steckbrief dabei sein soll.
Doch nun gibt es ein Problem: Da Josh keinen Hund hat, hat er das Foto eines Hundes aus dem Internet in seinen digitalen Steckbrief kopiert. Die Schulleiterin betont allerdings, dass sie nur Steckbriefe ausstellen wird, bei denen die Bildrechte eindeutig geklärt sind. Das trifft auf das von Josh verwendete Foto nicht zu. Josh ist enttäuscht. Wenn sein Steckbrief in der Schule ausgestellt würde, wären seine Eltern sicher stolz auf ihn.

2. Beantworte die Fragen und begründe deine Meinung.

Welches Problem hat Josh?

Wie soll Josh sein Problem lösen? Kreuze die beste Möglichkeit an.

- ☐ Josh soll auf die Ausstellung seines Steckbriefs verzichten.
- ☐ Josh soll den Steckbrief ohne das Foto ausstellen.
- ☐ Josh soll sich über das Urheberrecht informieren.
- ☐ Josh soll ein neues Foto im Internet suchen und darauf achten, ob es erlaubt ist, dieses Foto zu kopieren.

Warum hast du dich so entschieden? Begründe deine Meinung.

3. Lies den Informationstext M 2.

M 2 Das solltest du über das Urheberrecht wissen

Jedes Produkt hat einen Urheber. Das ist der Mensch, der es geschaffen hat. Dieser Urheber hat das Recht, selbst zu bestimmen, was mit seinem Produkt geschehen soll. So hat Dana einen Steckbrief ihrer Katze Minky erstellt. Dana ist also die Urheberin des Steckbriefs und des Fotos auf dem Steckbrief. Sie hat das Recht, zu bestimmen, was mit dem Steckbrief und mit ihrem Foto passieren soll. Dieses Urheberrecht wird ihr durch ein Gesetz garantiert.
Das Urheberrecht hat den Zweck, Produkte und ihre Urheber zu schützen. Jeder, der zum Beispiel ein eigenes Bild oder einen eigenen Text im Internet veröffentlicht, bleibt trotz der Veröffentlichung der Besitzer dieses Produkts. Wenn andere dieses Produkt benutzen wollen, müssen sie bei ihm anfragen, ob sie das dürfen. Josh hat für seinen Steckbrief ein Foto aus dem Internet kopiert. Er hat den Urheber aber nicht gefragt, ob er dessen Foto benutzen darf. Besonders dann, wenn er sein Produkt, also den Steckbrief, veröffentlichen will, zum Beispiel auf der Homepage der Schule oder in der Schülerzeitung, muss er den Rechteinhaber des verwendeten Fotos unbedingt um Erlaubnis fragen und ihn zudem in der eigenen Veröffentlichung namentlich nennen.

4. Ergänze den Lückentext mit den Begriffen aus dem Wortspeicher.

Das ______________________ schützt die ______________________ von ______________________. Ein Urheber ist jeder, der ein Produkt, also zum Beispiel ein eigenes ____________ oder einen ____________ ____________ geschaffen hat. Ein Urheber ist der ______________________ und muss immer ______________________, wenn andere sein Produkt nutzen wollen.

Bild ▪ eigenen ▪ Urheberrecht ▪ Text ▪ Urhebern ▪
Rechte ▪ zustimmen ▪ Rechteinhaber

Ich denke über mich selbst nach

Checkliste: Was halte ich vom Urheberrecht?

Finde deinen Standpunkt und kreuze an, wie du zu den jeweiligen Aussagen stehst.

1. Andere dürfen meine Fotos und Texte nur mit meiner Zustimmung benutzen.

Finde ich gut. *Ist mir egal.* *Finde ich schlecht.*

2. Wenn ich ein Foto oder einen Text von jemand anderem benutze, dann muss ich den Urheber um Erlaubnis fragen und ihn nennen.

Finde ich gut. *Ist mir egal.* *Finde ich schlecht.*

3. Es gibt Gesetze, die die Rechte derjenigen schützen, die Fotos, Bilder, Zeichnungen oder Texte gestalten.

Finde ich gut. *Ist mir egal.* *Finde ich schlecht.*

Teste dich!

Wer beim Thema „Computer“ mitreden und verstehen will, was andere sagen, der muss wichtige Fachbegriffe beherrschen. Bist du fit? Fülle das Kreuzworträtsel aus.
Tipp: Du findest die Begriffe auch im Wortspeicher.

1 Name eines Computer-Schreibprogramms
2 Manche Mausbefehle bestätige ich mit einem …
3 Die wichtigen Befehle finde ich auf der …
4 Gesetz zum Schutz der Urheber
5 Möglichkeit, Informationen übersichtlich darzustellen
6 Möglichkeit, Informationen in eine Reihenfolge zu bringen
7 „K“ steht in der Symbolleiste für …
8 „F“ steht in der Symbolleiste für …
9 Präsentationsmedium, z. B. für einen Steckbrief (nicht digital)
10 Hersteller eines Produkts

Aufzählung ▪ Nummerierung ▪ Word ▪ Doppelklick ▪ Symbolleiste ▪ Urheber ▪ Urheberrecht ▪ fett ▪ kursiv ▪ Plakat

Baustein 5: Ich kommuniziere mithilfe des Computers

1. Welche Kommunikationsmöglichkeiten bietet das Internet?

Ich untersuche, wie Jugendliche das Internet nutzen

1. Lest den Text M 1 mit verteilten Rollen und spielt die Szene nach.

M 1 Dana und Ekrem sollen Informationen und Materialien an Josh weitergeben

Josh ist krank und fehlt seit Tagen in der Schule. Auf dem Nachhauseweg überlegen sich Dana und Ekrem, wie sie mit ihm Kontakt aufnehmen können.

Ekrem: Am einfachsten ist es, wenn wir ihm all die Materialien aus dem Unterricht und die Hausaufgaben vorbeibringen.

Dana: Hast du denn heute Zeit? Ich nämlich nicht.

Ekrem: Na ja, Zeit hätte ich schon. Aber wenn meine Mutter hört, dass Josh Grippe hat, lässt sie mich bestimmt nicht zu ihm, von wegen Ansteckung und so. Du weißt doch, wie ängstlich sie sein kann.

Dana: Ich kann ihm eine SMS schreiben oder ihn anrufen.

Ekrem: Oder wir stellen eine WhatsApp-Nachricht in den Klassenchat mit der Info, dass wir in Deutsch die Aufgaben 2, 3 und 5 im Arbeitsheft machen sollen.

Dana: Und das Bild in Kunst muss nächste Woche fertig sein. Daran müssen wir ihn erinnern! Josh hat das letzte schon nicht abgegeben, der Schussel.

Ekrem: Dann hat er aber noch immer nicht die Arbeitsblätter zur Vorbereitung auf den Mathetest. Und der ist wirklich wichtig.

Dana: Ja, die Arbeitsblätter braucht er unbedingt. Ich kann sie ihm mit der Post schicken oder ihn am Wochenende besuchen. Was meinst du?

Ekrem: Ich glaube, das dauert zu lange. Ich frage lieber meine Mutter, ob sie die Arbeitsblätter einscannt und eine E-Mail an Joshs Mutter schreibt. Damit kann man nämlich solche Dokumente verschicken. Das ist so, als würde man einen Brief schreiben und die Arbeitsblätter mit ins Kuvert stecken. Nur dass eine E-Mail eben viel schneller ist und sofort beim Empfänger ankommt. Der kann die Blätter dann einfach ausdrucken.

Dana: Okay, so machen wir es. Aber ich rufe Josh trotzdem an und informiere ihn darüber, dass die Hausaufgaben im E-Mail-Postfach seiner Mutter liegen.

Ekrem: Bestell ihm liebe Grüße von mir.

2. Markiere im Text alle Möglichkeiten, mit Josh Kontakt aufzunehmen. Ergänze entsprechend auf Seite 76 die linke Spalte der Tabelle.

3. Lies die markierten Textstellen erneut. Ergänze dann die übrigen Spalten der Tabelle.

Kommunikationsweg	Vorteil/Nachteil	Löst Joshs Problem ...		
		ganz	teilweise	nicht
Besuch				

M 2 Jugendliche kommunizieren im Internet

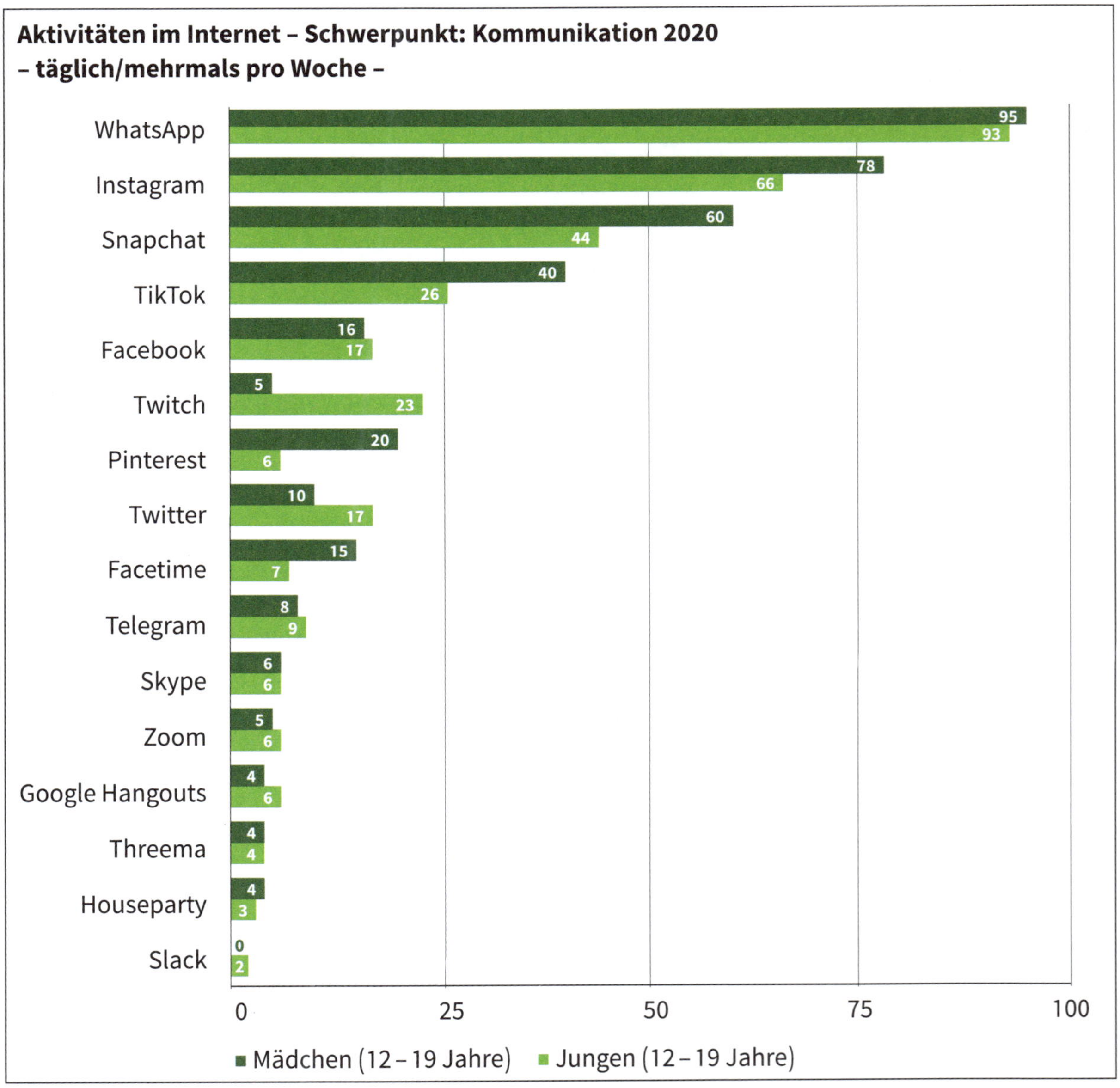

Quelle: JIM 2020, Angaben in Prozent, Basis: alle Befragten, n=1.200

4. Wie kommunizierst du im Internet? Unterstreiche im Schaubild M 2, was du nutzt.
Tipp: Die Prozentangaben in diesem Schaubild sagen dir, wie viele von 100 befragten Jugendlichen einer Aussage zustimmen. Zum Beispiel geben von 100 befragten Mädchen 95 an, WhatsApp zu nutzen.

5. Notiere sechs weitere Informationen aus dem Schaubild.

1. meist genutzte Kommunikationsmöglichkeit bei Mädchen/Jungen: WhatsApp (95/93 %)
2.
3.
4.
5.
6.
7.

6. Fasse die Informationen aus dem Schaubild zusammen. Ergänze dazu den Text mit mindestens zwei Informationen, die du in Aufgabe 4 herausgeschrieben hast.

Jugendliche im Alter von 12 bis 19 Jahren in Deutschland wurden gefragt, welche Möglichkeiten sie im Internet nutzen, um täglich bzw. mehrmals pro Woche mit anderen zu kommunizieren. Die meisten, nämlich 95 Prozent der Mädchen und 93 Prozent der Jungen nutzen zur Kommunikation im Internet WhatsApp. Kaum genutzt werden dagegen

Ich denke über mich selbst nach

Checkliste: Wie kommuniziere ich mit anderen?

Kreuze an.

1. Ich mache Besuche und führe persönliche Gespräche. ☐
2. Ich telefoniere. ☐
3. Ich nutze soziale Netzwerke wie zum Beispiel WhatsApp. ☐
4. Ich schreibe SMS. ☐
5. Ich schreibe Briefe. ☐
6. Ich schreibe E-Mails. ☐

2. Wie schreibe ich eine E-Mail?

Ich nutze eine E-Mail-Adresse und verfasse einen elektronischen Brief

1. Lies die Sprechblasen in M 1.

M 1 Dana, Ekrem und Josh unterhalten sich

2. Warum möchte Ekrem nicht, dass die ausgefüllten Arbeitsblätter im E-Mail-Postfach seiner Mutter landen? Nimm Stellung und ergänze den Satz.

Ich vermute, dass Ekrem ein eigenes E-Mail-Postfach möchte, weil ______________________

____

____

____

3. Wie würdest du ein eigenes E-Mail-Postfach nutzen? Erstelle eine Liste.

Schule	Freizeit

4. Lies den Informationstext M 2.

M 2 Ein E-Mail-Postfach anlegen

Wer sich ein E-Mail-Postfach, auch E-Mail-Account genannt, anlegen möchte, muss sich zuerst bei einem Anbieter registrieren. Dazu muss man ein umfangreiches Formular mit persönlichen Daten ausfüllen. Wegen des Datenschutzes und weil Kinder häufig nicht absehen können, welche Daten sie im Internet preisgeben, darf man eine E-Mail-Adresse erst dann selbstständig einrichten, wenn man mindestens 16 Jahre alt ist. Wer jünger ist, braucht dafür die Zustimmung der Eltern. In der Regel verlangen deshalb die Anbieter von E-Mail-Adressen, dass die Eltern ihre Kinder anmelden. Für Kinder im Alter unter 13 Jahren gibt es spezielle Anbieter von E-Mail-Postfächern, zum Beispiel *Mail4Kidz.de* oder *Grundschulpost.de*. Deren Internetseiten sind frei von Werbung, übersichtlich und kindgerecht gestaltet sowie sicher. Die Eltern kontrollieren E-Mails und Kontakte. Sie achten darauf, dass unerwünschte E-Mail-Kontakte nicht möglich sind.

5. Im Informationstext M 2 stehen zwei Begriffe für dieselbe Sache. Unterstreiche diese sogenannten Synonyme und notiere sie in den Textlücken.

Im Text werden die folgenden Begriffe als Synonyme benutzt:

______________________ und ______________________.

6. Im Informationstext M 2 werden drei Vorteile von E-Mail-Postfächern für Kinder genannt. Notiere sie.

1. Vorteil: ______________________

2. Vorteil: ______________________

3. Vorteil: ______________________

7. Spezielle E-Mail-Postfächer für Kinder ermöglichen es den Eltern, zu überprüfen, an wen ihr Kind E-Mails schreibt und von wem es solche bekommt. Was hältst du davon? Nimm Stellung.

☐ Ich finde es gut, weil … ☐ Ich finde es nicht so gut, weil …

____

____

____

____

____

8. Lies den Informationstext M 3.

M 3 Eine E-Mail schreiben

Wenn du jemandem ausführlich mitteilen möchtest, was dich gerade beschäftigt, oder ihm umfangreiche Informationen zusenden willst, kannst du ihm eine E-Mail schreiben. Der Vorteil gegenüber einem Telefonat ist, dass du Zeit hast, über Formulierungen nachzudenken und deine Gedanken abzuwägen. Gegenüber einem Brief hat eine E-Mail den Vorteil, dass sie unmittelbar beim Adressaten ankommt. Außerdem kannst du im Anhang der E-Mail Dokumente wie Fotos, Tabellen oder Texte verschicken. Das ist so, als würdest du in einen Briefumschlag beispielsweise noch ein Foto reinstecken, bevor du ihn zuklebst und zur Post bringst.

Der Aufbau einer E-Mail

Deine E-Mail beginnt mit der Anrede des Adressaten.

Dann folgen deine Gedanken, zum Beispiel
- zu einer Sache, die dich beschäftigt,
- zu einem Vorfall, über den du berichten möchtest, oder
- über Informationen, die für den Adressaten wichtig sind.

Deine E-Mail endet mit
- einer Grußformel und
- deinem Namen.

Tipps
- Gliedere deinen Text durch Abschnitte.
- Achte darauf, die Höflichkeitsformen der Anredepronomen in der dritten Person (*Sie, Ihnen, Ihr …*) großzuschreiben.

9. Die folgende E-Mail schreibt Josh an Ekrem. Benenne die verschiedenen Teile der E-Mail mithilfe des Wortspeichers. Schreibe die Begriffe in die gelben Kästen.

Lieber Ekrem,

seit unserem Gespräch geht mir dein Vorschlag nicht mehr aus dem Kopf.

Du hast gesagt, ich soll in Zukunft die ausgefüllten Arbeitsblätter in Mathe an dich und Dana schicken.

Das war doch wohl ein Scherz. Denn wenn ich das machen würde, hätte das nur zur Folge, dass Dana künftig noch weniger in Mathe verstehen würde. Und du übrigens genauso.

Das will ich nicht. Deshalb werde ich auf keinen Fall fertig ausgefüllte Arbeitsblätter an euch verschicken. Kannst du das verstehen?

Liebe Grüße

Dein Freund Josh

Name des Absenders ▪ Anrede ▪ Grußformel ▪ Abschnitt ▪ Leerzeile

10. Josh hätte Ekrem statt der E-Mail auch diese Kurznachricht schicken können. Hättest du an Ekrems Stelle lieber die E-Mail oder die Kurznachricht bekommen? Begründe deine Entscheidung.

Keine gute Idee, dass ich dir die ABs in Mathe ausgefüllt schicken soll. Besser nicht!

____

____

____

Checkliste: Welche Rolle spielen E-Mails für mich?

Kreuze an.

1. Ich finde die Möglichkeit, Briefe mit dem Computer zu schreiben und zu verschicken …

gut ———————————— *überflüssig*

2. Ich habe bereits eine E-Mail erhalten. ☐ Ja ☐ Nein
3. Ich habe bereits eine E-Mail geschrieben. ☐ Ja ☐ Nein
4. Ich habe einen eigenen E-Mail-Account. ☐ Ja ☐ Nein
5. Ich weiß, was ich beim Schreiben von E-Mails beachten muss. ☐ Ja ☐ Nein

3. Was tun, wenn der Computer zum Problem wird? – Beispiel: Hatespeech

Ich formuliere Regeln für einen respektvollen Umgang im Internet

1. Lies den Text M 1. Was ist passiert? Sammle die Fakten und notiere sie im Schaubild.

M 1 Danas Freundinnen streiten sich

„So langsam geht mir dieser Zickenkrieg auf die Nerven!“ Dana ist richtig sauer. Seit Tagen sticheln ihre beiden Freundinnen gegeneinander. Sie beschuldigen sich gegenseitig, mit dem Streit angefangen zu haben, und halten einander vor, wer was gesagt oder getan haben soll. Das Schlimmste ist aber, dass beide immer wieder zu Dana kommen, und von ihr verlangen, sich auf ihre Seite zu stellen. Das geht natürlich nicht, denn Dana will mit beiden befreundet sein.
Angefangen hat die ganze Streiterei vor zwei Wochen. Moira hatte sich über Alisa geärgert, weil diese die Pause mit Janis und nicht mit ihr verbracht hatte. Nachmittags ging es in der WhatsApp-Klassenchatgruppe zur Sache. Beide beleidigten sich aufs Schlimmste ... und die ganze Klasse konnte mitlesen. Bei jedem noch so kleinen Anlass wiederholen sich nun die Beleidigungen – und nicht nur das, sie werden schlimmer. Wohl deshalb, weil inzwischen auch andere Schülerinnen und Schüler in den sozialen Netzwerken mitmischen und gegen die eine oder gegen die andere hetzen. Die Chatnachrichten sind voller Hatespeech. In der Klasse tut sich ein Graben auf: Ein Teil steht auf Moiras Seite, ein anderer hält zu Alisa. Aber die meisten fühlen sich einfach unwohl, weil das Klassenklima so vergiftet ist. Und Dana? Die sitzt zwischen allen Stühlen. Wie kann das wieder besser werden?

Was tut Moira?

Was tut Alisa?

Konflikt

Was tut die Klasse?

Welche Folgen hat Hatespeech für die Klasse?

Wie fühlt sich Dana?

2. Weil Hatespeech das Klima in der Klasse vergiftet, tagt der Klassenrat zum Thema „Was können die Schülerinnen und Schüler tun, um Hatespeech aus dem Klassenchat zu verbannen?“. Bereite dich auf die Diskussion vor. Fülle dazu die beiden Antragsformulare aus.

Antrag an den Klassenrat – Das kann jeder selbst gegen Hatespeech tun

Ich möchte, dass wir über folgenden Vorschlag abstimmen: ______________________________

____

Meine Argumente zur Begründung des Vorschlags: ______________________________

____

____

Antrag an den Klassenrat – Das sollen Moira und Alisa tun, um den Streitigkeiten ein Ende zu setzen

Ich möchte, dass wir über folgenden Vorschlag abstimmen: ______________________________

____

Meine Argumente zur Begründung des Vorschlags: ______________________________

____

____

3. Um Hatespeech keine Chance zu geben, muss man sich an Regeln halten. Ergänze die Regel.

Wenn ich mit anderen im Internet kommuniziere, dann verhalte ich mich ______________

____

Ich denke über mich selbst nach

Checkliste: Welche Erfahrungen habe ich mit Hatespeech im Internet gemacht?

Kreuze an.

1. Ich lasse mich in sozialen Netzwerken durch Hatespeech provozieren.

____

sehr schnell *manchmal* *eher selten*

2. Ich war selbst schon Opfer von Hatespeech.

____

schon oft *manchmal* *noch nie*

3. Ich habe selbst schon andere durch Hatespeech abgewertet.

____

schon oft *manchmal* *noch nie*

Teste dich!

Wer beim Thema „Computer" mitreden und verstehen will, was andere sagen, der muss wichtige Fachbegriffe beherrschen. Bist du fit? Fülle das Kreuzworträtsel aus.
Tipp: Du findest die Begriffe auch im Wortspeicher.

1 Beleidigungen und Hasskommentare
2 Hilft gegen Hatespeech
3 Digitaler Brief
4 Steht am Anfang einer E-Mail
5 Steht am Ende einer E-Mail
6 Steht in der E-Mail anstelle einer Unterschrift
7 Um E-Mails zu empfangen, braucht man ein …
8 Anderes Wort für Postfach (Englisch)
9 Sammlung von Adressen (auch elektronisch)
10 Anderes Wort für SMS
11 Beliebtes soziales Netzwerk

Regeln ▪ E-Mail ▪ Adressbuch ▪ Kurznachricht ▪ Postfach ▪ WhatsApp ▪ Account ▪ Grußformel ▪ Name ▪ Anrede ▪ Hatespeech

Kapitel	Ausstellungsideen	Praxisideen
Baustein 1: Ich untersuche, welche Rolle Computer in meinem Alltag spielen		
1. Wie nutze ich Computer im Alltag?	Zählt die Ergebnisse der Checkliste in der Klasse mithilfe von Strichlisten aus, stellt sie grafisch auf Plakaten dar und stellt sie im Schulhaus aus.	
2. Wann ist der Computer eine Hilfe?	Zählt die Ergebnisse der beiden Checklisten in der Klasse aus und ergänzt eure Ausstellung.	
3. Was tun, wenn der Computer zum Problem wird? – Beispiel: Mediensucht		Du interessierst dich für Spiel- und Computersucht? Besuche im Internet die Seite www.ins-netz-gehen.de. Dort findest du interessante Tipps, einen großen Selbsttest und Hilfsangebote.
Baustein 2: Ich arbeite mit Computern		
1. Welche Arten von Computern gibt es?	Erstelle zu den einzelnen Geräten Steckbriefe, in denen du die jeweiligen Vorteile und Nachteile nennst. Ergänzt damit eure Ausstellung.	
2. Aus welchen Teilen besteht ein Computer?		Besuche den Computerraum deiner Schule und beschriftet einen PC. Dazu schreibst du Zettel mit den Namen der Geräte und Kabeltypen und befestigt sie an den entsprechenden Elementen.
3. Wie benutze ich die Tastatur?		Besuche den Computerraum deiner Schule und suche die verschiedenen Tasten auf der Tastatur. Vergleiche die Originaltastatur mit der Abbildung im Heft.
4. Wie gebe ich dem PC Befehle?		Besuche den Computerraum deiner Schule und arbeite mit der Maus. Du kannst Zielübungen mit der Maus und dem Mauszeiger (Cursor) machen.
5. Wie melde ich mich an einem Computer an?		Besuche den Computerraum deiner Schule und melde dich mit deinem persönlichen Passwort an einem Computer an.
6. Wie speichere ich ein Dokument ab?		Besuche den Computerraum deiner Schule, melde dich an und suche im Internet ein Bild von einem beliebigen Computer. Speichere es unter dem Namen *Bild Computer* ab.

Kapitel	Ausstellungsideen	Praxisideen
7. Wie drucke ich ein Dokument aus?		Besuche den Computerraum deiner Schule, öffne deine abgespeicherte Datei und drucke sie aus.
8. Wie finde ich eine sinnvolle Struktur zum Speichern meiner Dokumente?		Besuche den Computerraum deiner Schule und lege einen Ordner mit dem Namen *Medienbildung* an. Speichere deine Datei *Bild Computer* in diesem Ordner.
9. Was tun, wenn der Computer zum Problem wird? – Beispiel: Datenschutz	Entwickelt ein Rollenspiel zum Thema „Datenschutz“. Ergänzt die Ausstellung um eine Aufführung eures Rollenspiels.	
Baustein 3: Ich informiere mich mithilfe des Computers		
1. Wie funktioniert das Internet?	Gestaltet ein Schaubild zum Thema „Wie funktioniert das Internet?“. Ergänzt damit eure Ausstellung.	
2. Wie recherchiere ich im Internet?	Zeichnet die Bildschirmansicht einer idealen Kindersuchmaschine und ergänzt damit eure Ausstellung.	Schau dir Kindersuchmaschinen an, zum Beispiel: www.blindekuh.de, www.fragfinn.de, www.helles-köpfchen.de. Vergleiche sie mit deinem eigenen Entwurf einer Kindersuchmaschine.
3. Wie kann ich schwierige Texte besser verstehen?	Formuliert nützliche Tipps zum sinnverstehenden Lesen für Schülerinnen und Schüler. Ergänzt damit eure Ausstellung.	
4. Wie erkenne ich Werbung im Internet?		Besuche den Computerraum deiner Schule. Öffne die Suchmaschine *Google*. Gibt es ein Tier, über das du gerne mehr wissen möchtest? Dann recherchiere und unterscheide in den Ergebnissen der Suchmaschine zwischen Werbung und Information.
5. Was tun, wenn der Computer zum Problem wird? – Beispiel: Sicherheit im Internet		Du willst mehr über Jugendmedienschutz wissen? Besuche im Internet die Seite www.klicksafe.de. Dort findest du unter *klicksafe für Kinder* und *klicksafe für Jugendliche* interessante Angebote in leichter Sprache.
Baustein 4: Ich gestalte ein Produkt und präsentiere es mithilfe des Computers		
1. Welche digitalen Werkzeuge benötige ich, um einen Text zu gestalten?		Besuche den Computerraum deiner Schule. Öffne ein leeres Word-Dokument und schreibe die drei Schritte zum Öffnen eines Dokumentes hinein. Speichere dann dein Dokument unter dem Namen *Arbeit mit Word 1* im Ordner *Medienbildung* ab.

Kapitel	Ausstellungsideen	Praxisideen
2. Welche digitalen Werkzeuge benötige ich, um ein Bild einzufügen?		Besuche den Computerraum deiner Schule. Öffne die Datei *Bild Comupter* und füge dieses Bild in die Datei *Arbeit mit Word 1* ein.
3. Wie kann ich Informationen übersichtlich wiedergeben?		Besuche den Computerraum deiner Schule. Öffne ein leeres Word-Dokument. Stelle die Informationen aus M 2/Punkt 1 nummeriert dar. Stelle die Informationen aus M 2/Punkt 2 als Aufzählung dar. Speichere dein Dokument unter dem Namen *Arbeit mit Word 2* im Ordner *Medienbildung* ab.
4. Welches Präsentationsmedium ist geeignet?	Bewerte die Präsentationsmedien mithilfe der in M 2 genannten Merkmale.	
5. Wie präsentiere ich meine Arbeitsergebnisse?	Bereite zu einem Thema eurer Ausstellung einen Kurzvortrag vor, halte ihn und lass deinen Vortrag mithilfe der Zielscheibe beurteilen.	
6. Was tun, wenn der Computer zum Problem wird? – Beispiel: Urheberrecht	Übertrage Informationen zum Urheberrecht, die jede Schülerin und jeder Schüler kennen sollte, auf ein Plakat und ergänze damit eure Ausstellung.	
Baustein 5: Ich kommuniziere mithilfe des Computers		
1. Welche Kommunikationsmöglichkeiten bietet das Internet?	Gestalte eine Übersicht der Kommunikationsmöglichkeiten im Internet. Ergänze damit eure Ausstellung.	
2. Wie schreibe ich eine E-Mail?	Wertet die Antworten der Checkliste in der Klasse aus, gestaltet eine Übersicht eurer Auswertungsergebnisse mit dem Computer und ergänzt damit eure Ausstellung.	Besuche den Computerraum deiner Schule. Richte deine persönliche E-Mail-Adresse ein. Was stellst du fest? Berichte. Diskutiert eure Ergebnisse anschließend in der Klasse.
3. Was tun, wenn der Computer zum Problem wird? – Beispiel: Hatespeech		Besuche die Suchmaschine www.blindekuh.de. Recherchiere den Begriff *Hatespeech*. Wie viele Ergebnisse werden angezeigt? Wiederhole die Recherche mit einer anderen Kindersuchmaschine und vergleiche die Ergebnisse.

Textquelle

S. 76: Medienpädagogischer Forschungsverbund Südwest (mpfs): JIM-Studie 2020.

Bildquellen

Berghahn, Matthias, Bielefeld: 6.1, 6.2, 6.3, 7.1, 7.2, 7.3, 8.1, 9.1, 10.1, 11.1, 12.1, 13.1, 14.1, 14.2, 16.1, 17.1, 18.1, 19.1, 20.1, 20.2, 22.2, 23.1, 24.1, 25.2, 26.1, 27.1, 27.3, 27.4, 28.1, 28.2, 30.1, 31.1, 32.1, 33.1, 33.3, 34.1, 35.1, 35.2, 36.1, 37.1, 37.2, 38.1, 39.1, 39.2, 42.1, 43.1, 45.1, 46.1, 46.2, 48.1, 49.1, 51.1, 52.1, 53.1, 54.1, 55.1, 57.1, 59.1, 60.1, 61.1, 61.3, 62.1, 63.1, 64.1, 65.1, 66.1, 67.1, 69.1, 69.2, 70.1, 70.2, 71.1, 72.1, 73.1, 73.2, 75.1, 76.1, 77.1, 78.1, 79.1, 80.1, 81.2, 82.1, 83.1. |Google Germany GmbH, Hamburg: 46.3, 53.2. |Hild, Claudia, Angelburg: 23.2, 24.2, 25.1. |iStockphoto.com, Calgary: loops7 81.1. |Kassing, Reinhild, Kassel: 8.2, 10.2, 16.2, 19.2, 22.1, 26.2, 27.2, 31.2, 32.2, 33.2, 42.2, 59.2, 64.3, 67.2, 78.2. |Microsoft Deutschland GmbH, München: 61.2, 65.2, 65.3. |OKAPIA KG - Michael Grzimek & Co., Frankfurt/M.: Klein, J-L & Hubert, M-L 64.2.